Luzes Sobre a Iniciação
Mistérios da Tradição
Cabalística Rosa-Cruz

Jean-Louis de Biasi

Luzes Sobre a Iniciação
Mistérios da Tradição
Cabalística Rosa-Cruz

Tradução:
Idalina Lopes

MADRAS®

Publicado originalmente em francês sob o título *Lumiéres Sur l'Initiation* por Academia Platonica, P. O. Box 752371, Las Vegas, Nevada, 89136, USA.
© 2011, Jean Louis de Biasi.
Direitos de edição e tradução para o Brasil.
Tradução autorizada do francês.
© 2012, Madras Editora Ltda.

Editor:
Wagner Veneziani Costa

Produção e Capa:
Equipe Técnica Madras

Tradução:
Idalina Lopes

Revisão da Tradução:
Jefferson Rosado

Revisão:
Aparecida Pereira S. Maffei
Sônia Batista
Renata Brabo

Dados Internacionais de Catalogação na Publicação (CIP)
(Câmara Brasileira do Livro, SP, Brasil)

Biasi, Jean-Louis de
   Luzes sobre a iniciação : mistérios da tradição cabalística Rosa-Cruz/Jean-Louis de Biasi; tradução Idalina Lopes. – São Paulo: Madras, 2012
   Título original: Lumières sur l'initiation
   Bibliografia

   ISBN 978-85-370-0787-7

   1. Cabala e cristianismo 2. Misticismo – Judaísmo 3. Rosa-cruzes I. Título.

   12-08533   CDD-135.43

   Índices para catálogo sistemático:
   1. Tradição Cabalística Rosa-Cruz : Mistérios: Ciências ocultas 135.43

É proibida a reprodução total ou parcial desta obra, de qualquer forma ou por qualquer meio eletrônico, mecânico, inclusive por meio de processos xerográficos, incluindo ainda o uso da internet, sem a permissão expressa da Madras Editora, na pessoa de seu editor (Lei nº 9.610, de 19.2.98).

Todos os direitos desta edição, em língua portuguesa, reservados pela

MADRAS EDITORA LTDA.
Rua Paulo Gonçalves, 88 – Santana
CEP: 02403-020 – São Paulo/SP
Caixa Postal: 12183 – CEP: 02013-970
Tel.: (11) 2281-5555 – Fax: (11) 2959-3090
www.madras.com.br

Índice

Iniciação e Esoterismo 9
    O que é o esoterismo? 9
    O que é a iniciação? 11
    A harmonia, uma chave do esoterismo 14

Cabala e Esoterismo Cristão 17
    As fontes 17
    A Cabala hebraica 18
    Objetivo da Cabala 19
    A ferramenta cabalística 20
    A Cabala cristã 25
    Uma lenda cabalística e maçônica, "Os três magos" 30

A Rosa+Cruz 37
    A misteriosa fraternidade 37
    Fama Fraternitatis e *Confessio Fraternitatis* 38
    Coletânea da Rosa-Cruz 42
    Uma definição da atividade Rosa-Cruz 42
    Trechos de documentos contemporâneos
    da Rosa-Cruz 43
    A "descoberta" do túmulo de Christian Rosenkreutz 45
    "Inventário" da sala tumular 46
    O chamado final da *Fama Fraternitatis* 46
    O comportamento intelectual da *Confissão Fraternitatis* .. 47
    A chegada ao castelo 48

Uma Tradição Hermética Rosa+Cruz, a O.C.R.C. 49
    Elementos históricos 49
    Fundação da Ordem 49

Stanislas de Guaita 51
Os Mestres da Ordem 51
A direção oculta da Ordem 53
O grande patriarca da Rosa-Cruz 54
Os graus da Ordem 56
Breve apresentação dos graus 56
Atrium 56
Capítulo 57
Grande Capítulo 58

Algumas Grandes Figuras da Tradição 59
Martinès de Pasqually 59
Louis-Claude de Saint-Martin 62
O marquês Alexandre Saint-Yves d'Alveydre 66
Dois retratos 67
Após uma infância difícil 67
Os três mestres do pensamento 68
Um rico casamento 68
A obra literária 69
A Sinarquia 69
O Arqueômetro 70
A Missão da Índia na Europa 70
O Agartha 71
Stanislas de Guaita (1861-1897) 72

Os Símbolos da Tradição 79
A cruz 79
A rosa 84
A Rosa-Cruz 87

As Práticas 89
A visualização criativa 89
O ritual 91
A arte da meditação 97
A preparação 99
A preparação mental 99
A purificação 99
O relaxamento 99
A posição do corpo 101
A disciplina 103

O lugar e o entorno 104
Prática da roda ardente 110
Primeiro método.. 111
Rito do primeiro método 114
O estabelecimento dos guardiões.. 114
O primeiro ciclo – Iéschouah 115

O Portal da Iniciação **121**
Hermetismo e religião... 121
O ritual iniciático 129

Anexos **137**
A queda da alma... 137
"O asno de ouro" de Apuleio 141
Notas de leitura em relação à Cabala 146
Testamento de Cagliostro 147

Bibliografia **149**

Iniciação e Esoterismo

O que é o esoterismo?

Os conhecimentos filosóficos ou religiosos apresentam-se sob dois aspectos, não opostos, mas complementares, ou se preferir, em dois graus: o exoterismo e o esoterismo. Conta-se que Pitágoras transmitia a todos os alunos um ensinamento "aberto", que ele completava oral e secretamente para raros discípulos qualificados.

Várias obras e estudos foram publicados atualmente sobre o ensinamento oral de Platão.

Os escritos que chegaram até nós não exprimem mais do que a parte exotérica de sua doutrina, enquanto que o seu esoterismo pode ser decifrado nas "entrelinhas". Diferentes elementos desse processo foram desenvolvidos nos textos dos autores oriundos da sua tradição, que nós chamamos de neoplatônicos.

Na tradição cristã, a presença de uma corrente esotérica é confirmada em vários momentos pelos próprios textos. Isso é testemunhado pelo conselho dado por Jesus aos seus apóstolos: "Não jogueis pérolas aos porcos" (Mateus, 8:6). Observamos claramente aqui a existência de duas correntes pós-evangélicas: a desenvolvida nas Igrejas "oficiais" e a oculta (que foi depois perseguida), chamada de Gnose. São Paulo previne os Coríntios: "Este leite que vos dei para beber não é um alimento sólido, pois não poderíeis suportá-lo ainda. Mas não podeis suportá-lo agora, pois ainda sois carnais" (Coríntios, 8: 2-3).

Paulo de Tarso distingue assim os "seres de carne" e os "homens espirituais", distinção que podemos formular em exoteristas e esoteristas.

A noção de esoterismo comporta três etapas e três dificuldades que devem ser superadas:

- o mistério é aquilo que primeiro se recebe em silêncio;
- o mistério é aquilo sobre o que é proibido falar abertamente;
- o mistério é aquilo sobre o que é difícil falar.

A primeira dificuldade é constituída pela própria forma de qualquer expressão, é um esoterismo "objetivo".

A segunda dificuldade se deve à qualificação imperfeita da pessoa a quem nos dirigimos, é um esoterismo "subjetivo".

Enfim, o último véu que oculta a verdade ao exprimi-la devido ao seu caráter inescrutável por natureza, é o esoterismo essencial. É graças a ele que se unificam pelo interior todas as doutrinas tradicionais. Ele se expressa por meio dos mitos, ritos e símbolos.

Para se beneficiar do conhecimento esotérico (objetivo, subjetivo e essencial) é necessário ser digno e estar "qualificado" para recebê-lo.

Louis-Claude de Saint-Martin, filósofo e teósofo francês, sobre o qual voltaremos a falar mais adiante, dividia os homens em três classes:

• Os *Homens da torrente*: sem dúvida os mais numerosos, não reconhecem a existência do esoterismo, dele se desinteressam ou zombam. Às vezes são chamados de *profanos*.

• Os *Homens de desejo*: são aqueles "chamados" à Verdade esotérica, que "têm orelhas para ouvir e olhos para ver". Você, que hoje tem esta obra em suas mãos e está lendo estas páginas com a vontade franca de ir além das aparências, está por definição entre os seres de desejo.

• Os *Homens-Espíritos*: são os Mestres, os Enviados, os que o Esoterismo conduziu ao topo do Conhecimento.

Poderíamos nos perguntar de onde vem esta classificação. É claro que sua origem não é fácil de se perceber imediatamente, mas ao longo de sua progressão neste texto e nas experiências de sua vida, você descobrirá as razões da sua busca e tirará conclusões que lhe serão de extrema importância.

Por enquanto, saiba que, de grau em grau, você se sentirá cada vez mais unido ao seu guia espiritual, primeiro pela confiança, em seguida por uma mútua simpatia, que se tornará uma nobre amizade, para desabrochar em uma mútua fraternidade.

Você aproveitará muito mais se meditar sobre as seguintes frases:

A: "Se a verdadeira razão das coisas é invisível e inapreensível, somente o espírito, em estado de perfeita simplicidade, pode alcançá-la em uma contemplação profunda, do ponto central em que as oposições são resolvidas em um rigoroso equilíbrio." (*Y-King*)

B: "A Sabedoria grita nas praças públicas, e o que ela grita é que ela mora nos cumes." (*Mestre Eckhart*)

C: "As trevas não são a ausência de luz, mas o temor causado pelo brilho da luz." (*Jakob Boëhme*)

O que é a iniciação?

A personalidade ou o *eu* do homem adormecido é composta de vários elementos incongruentes e muitas vezes contraditórios em luta uns com os outros. Em especial, os elementos do consciente muitas vezes são desorientados por forças provenientes de diversas origens, quer sejam do exterior ou do interior do ser.

Nós devemos reconhecer que, para um grande número de seres humanos, os conflitos psicológicos conduzem às neuroses. Os homens comuns escapam da angústia metafísica pelo fato de ainda estarem adormecidos e, portanto, estranhos a qualquer realidade de ordem espiritual. Uma minoria, os homens de desejo, se conscientizou desse estado e consagrou seus esforços para resolver de forma harmoniosa a desordem do Eu, realizando um verdadeiro trabalho interior, e alguns ainda menos numerosos, que se comprometem no caminho da iniciação.

Esse ser pressente que, no meio dos elementos confusos e complexos do *eu,* existe um Si, um centro, um coração, uma rosa mística. A metafísica oriental ou teosófica o chama de Atman e demonstra que ele é uma centelha divina.

Ser iniciado é *atingir o Si, despertar o coração, colher a flor de ouro, reencontrar a palavra perdida*. Todas essas metáforas têm o mesmo sentido: despertar o divino que está em nós e nos tornar plenamente consciente de quem nós somos.

Essa consciência é muito diferente do conhecimento intelectual. O trabalho da arte nos oferece um reflexo dessa consciência. Não se trata, de modo algum, de seguir um compromisso livresco ou oral, mas de ter a dura coragem de se obrigar a uma experiência pessoal, cujo processo é difícil de definir com palavras.

Essa aventura é comparável às viagens, aos combates ou às "buscas" que certos visionários nos deixaram nas narrativas simbólicas. É o caso, por exemplo, de Dante, na "Divina Comédia", ou nas obras sobre a "Busca do Graal". Estas narrativas servem às vezes de tramas para as iniciações encontradas nas Ordens Iniciáticas herdeiras dessas tradições.

Nós podemos ver que a experiência iniciática acumulada por milênios encontra-se, assim, transcrita no folclore, nos contos de fadas e nas mitologias. A busca esotérica consiste, portanto, em se engajar em um caminho difícil no qual encontramos obstáculos e armadilhas, cruzamentos de falsas pistas e combates com inimigos. Mas é igualmente uma busca que nos permite receber ajudas espirituais e iniciáticas. O processo graduado das iniciações, o ensino teórico e prático dos graus envolvem essa progressão.

O neófito sente primeiro o quanto seu Eu é complexo. Descobre que a razão a vontade e a erudição, muitas vezes, são insuficientes. Ele encara sem medo as suas sombras. Depois, luta, confronta-se com cada elemento de seu Eu e combate seus "monstros internos". Vence, não para suprimir, mas para compreender, equilibrar e harmonizar. Assim, de luta em luta, acompanhado por iniciados que trabalham com ele, atinge enfim o conhecimento do divino em seu interior. Ele sofre uma verdadeira transmutação. Todos os "metais" se tornam "ouro". O que estava disperso se ordena e se hierarquiza. O Si e o Eu se unem estreitamente, amorosamente, como o Rei e a Rainha das lendas alquímicas. Esse estado é, às vezes, qualificado de paz profunda, de Jerusalém Celestial. Podemos nos lembrar da antiga fórmula de Hermes Trismegisto, que dizia: "O que está em cima é igual ao que está embaixo...".

Poderíamos dizer que um iniciado é um homem reconciliado com ele mesmo e que essa reconciliação acontece em torno do ser divino que brilha em cada um de nós.

Durante essa busca espiritual, o cavaleiro encontra entidades do plano invisível. Elas provêm de planos – ou interiores a nós, ou exteriores. Esses *agentes desconhecidos* têm uma aparência muitas vezes já relatada pelos mitos. São virgens, guerreiros, monstros, sábios, ogros, santos, criaturas fabulosas, etc. Eles também são simbolizados em nossa visão interior sob a forma de "figuras misteriosas", de números sagrados, por exemplo: o círculo, o triângulo, os números três, cinco, sete, doze, etc.

Enfim, outras potências cósmicas, que escapam a toda e qualquer imagem ou símbolo do nosso plano. Nós as sentimos sem poder nomeá-las. Essas forças psíquicas não agem sobre o inconsciente. Elas despertam o inconsciente e escapam às aparências do tempo, do espaço e das limitações racionais.

Quem se engaja no caminho, não pode saber antecipadamente aonde ele o conduzirá, quando e como triunfará, mas nenhum esforço é perdido.

É preciso estar consciente de que o processo iniciático colocará em questão os nossos falsos valores e a nossa coragem será assim posta à prova. Sem o acompanhamento de outros irmãos e irmãs iniciados, os desvios poderiam ser muitos. Poderíamos nos extraviar por caminhos sem saída, seduzidos pela busca de ilusórios poderes psíquicos. A lucidez e a sinceridade para consigo limitam, aliás, esses riscos. Compreendemos por que uma Ordem iniciática autêntica é útil nessa empreitada.

Mas podemos nos perguntar o que acontece quando aquele que busca, após ter perseverado e superado as provas, torna-se enfim, um iniciado...

O que acontece, quando o Homem da Torrente, após ter sido Homem de Desejo e Novo Homem, atinge o estado Homem-Espírito?

Sem as ter procurado, ele adquire certas faculdades psíquicas, como vidência, intuição, etc. Essas novas capacidades são todas consequências de seu novo estado de ser despertado, de Rosa+Cruz em determinados casos. Mas, sobretudo, ele escapa das servidões da condição humana. Para compreender, tomemos o mito de Platão: ele deixa de estar fechado na caverna escura, que representa o nosso mundo, e descobre o mundo ideal, divino. Nesta etapa, podemos dizer que ele atinge a contemplação do divino nele mesmo. Mas não pode e não deve permanecer nesse estado, assim destacado do mundo dos homens, pois um dos deveres desse novo estado espiritual consiste em voltar para junto dos que permanecem na escuridão da caverna, na ilusão do mundo.

Em um plano menos elevado, essa plenitude existencial, essa libertação, dá ao iniciado um tônus vital, uma presença que é perceptível por qualquer pessoa que o encontre. Longe de se retirar para uma torre de marfim, mistura-se alegremente à vida. De fato, como disse um iniciado: "Aquilo que queremos se realiza, porque queremos aquilo que deve ser". Essa abordagem foi muito bem desenvolvida pela Filosofia estoica.

Nossa tradição, em sua grande sabedoria, conseguiu encontrar o equilíbrio entre semelhante realização e uma aproximação bastante epicuriana. Não temos aqui uma perspectiva gnóstica que visa abandonar o mundo. O ser desperto sabe apreender as felicidades da vida sem nunca ser dependente delas. É também nisso que se observa seu equilíbrio interior.

A vontade individual não é mais do que uma emanação da vontade do divino. Não nos colocamos mais os problemas relativos ao livre-arbítrio, à tentação e ao pecado. Ignoramos o terror da morte. Uma vez que nos aproximamos na iniciação verdadeira das portas desse além, que compreendemos a verdadeira natureza das angústias existenciais, o mundo cessa de ser um lugar de temor para se tornar uma oportunidade de progredir por meio das múltiplas experiências que a vida nos oferece.

O iniciado irradia a seu redor. Ele é um *justo*, cuja única presença teria salvado Sodoma da destruição. Ainda que despreze o poder temporal, nem por isso deixa de ter a autoridade espiritual.

É interessante recordar que, entre os iniciados de todos os tempos e de todos os países, existe uma união mística que alguns, às vezes, qualificaram como Igreja interior, Grande Loja Branca, Alta Assembleia, etc. É necessário reconhecer que esses termos poderiam levar a comparações completamente incorretas. É necessário, antes, considerar essa união como uma família espiritual, em que os desejos deixaram de se manifestar. Cada um desses iniciados trabalha, por conseguinte, no seu lugar nesse grande plano de conjunto e em perfeita harmonia com todos os outros.

A harmonia, uma chave do esoterismo

Os progressos na via iniciática são marcados pelo sentimento de *harmonia*: harmonia consigo mesmo, com o entorno, com o cosmos. O adepto é caracterizado por uma harmonia constante ao redor de um centro, de si mesmo, do mundo, do divino.

Essa sensação de harmonia, proveniente da busca espiritual, pode ser obtida em qualquer ato ou momento da existência. Ela pode nos envolver bruscamente ou nos invadir progressivamente. É capaz de se instalar no silêncio ou se manifestar por meio de uma palavra de sabedoria. Ela também consegue se expressar em gestos e atitudes.

Por outro lado, há certamente outros momentos em que tudo está em desarmonia. A tranquilidade do silêncio morre, ela não ecoa. Parece vazia, pobre, má e em plena desordem. Os movimentos específicos são desarmoniosos, descoordenados, sem facilidade e impulso...

Essa desarmonia não é de modo algum uma dissonância violenta. Tudo está um "pouco em desacordo". Mas, onde existe harmonia, não temos somente uma vibração particular, ela se corresponde com o cosmos. Poderíamos dizer que não experimentamos a desarmonia como um desacordo em nós mesmos, mas como um não encadeamento cósmico. No primeiro caso, tudo está de acordo, no outro, nada está de acordo.

Mas a harmonia pode, às vezes, superar a impressão fugidia. Existem, para o iniciado autêntico, lapsos de tempo, durante os quais ele se sente atraído por uma espécie de "dança". Ele sabe que está a altura de quaisquer circunstâncias, sabe que está apto a empreender e a ter êxito em tudo o que o Destino lhe apresenta. Está feliz, calmo e radiante.

Um episódio na vida de Buda nos dá um resumo do estado de que falamos. Era no início das atividades do Buda Sakia-Mouni. Este último se encontrava no parque das gazelas, nos arredores de Benares. Buda estava cercado por seus discípulos, imóveis e atentos. Expunha-lhes o essencial da sua experiência mística, as *quatro nobres verdades*, que são: a dor universal, a causa da dor, a possibilidade de eliminá-la e o caminho que conduz a essa eliminação.

Sem prestar atenção às palavras do Sábio, o seu discípulo Maha Kacyapa tinha colhido uma flor de hibisco e admirava sua cor, sua forma harmoniosa, sem deixar de sentir seu perfume. Então, o Mestre interrompeu sua exposição e o seu claro olhar se fixou sobre o sorriso de Maha Kacyapa. Em seguida, disse: "Discípulo bem-amado, você que sorri à beleza inefável de uma flor, você se colocou no centro da lei, onde começa e termina qualquer harmonia. Você não tem mais nada a aprender, nem de mim, nem dos devas, nem de si mesmo: você sabe".

E é por isso que os discípulos do Zen japonês, do T' Chan chinês, veem Maha Kacyapa como o seu iniciador. Pois vivem e são a Harmonia universal.

Retiramos desta história, nós, homens do Ocidente, uma profunda sabedoria, que Aldous Huxley exprimiu maravilhosamente em *Contraponto*: "Ser um homem completo, equilibrado, é uma tarefa difícil, mas é a única que nos é proposta. Ninguém nos pede para sermos outra coisa, a não ser apenas um homem. Um homem, você compreende! Um homem que anda delicadamente sobre uma corda esticada, com a inteligência, a consciência e tudo o que é espiritual em um lado da balança, e tudo o que é inconsciente, terrestre e misterioso, no outro lado. E o único absoluto que ele pode conhecer é o absoluto do perfeito equilíbrio. O absoluto da perfeita harmonia".

Cabala e Esoterismo Cristão

As fontes

Há mais de 1.500 anos a nossa sociedade ocidental se desenvolve baseada na tradição bíblica.

Historicamente, está claro que a primeira Cabala foi aquela oriunda do Judaísmo.

Como em todo texto sagrado fundador de uma religião, a Bíblia supostamente possui um sentido literal e um sentido oculto, velado ao olhar profano. Trata-se então de um texto simbólico, que possui dois níveis de realidade: o do mundo dos homens, no qual ele se desenvolve, e aquele de Deus, do qual ele extrai sua origem e sua justificação. O discurso que lemos, descrevendo as epopeias fundadoras de um povo guiado, protegido e provado pelo Eterno Deus, é apenas a superfície de um mundo interior muito mais vasto.

Abrir um livro sagrado como a Bíblia, é como olhar o exterior de uma casa através de uma vidraça. Diferentes coisas se encontram sobre ela: cristais de vidro resplandecentes, impurezas, imperfeições... A luz do exterior nos chega através dessa vidraça e nos permite, assim, ver o que se encontra na sua superfície. Tanto essa vidraça quanto o que sobre ela se encontra são absolutamente reais. Não poderíamos duvidar disso. Obviamente, essas realidades podem ser variáveis, mas mesmo assim elas existem. O texto bíblico é à imagem dessa vidraça. Mas o que a alegoria nos ensina é que essa superfície sensível é como o pano de fundo de uma realidade muito mais vasta, que lhe dá sua força e luz. O texto oculta um além divino que ilumina o texto. Convém, então, ir além, para alcançar esse horizonte que percebemos, para nos elevarmos a essa divindade. Vários métodos são possíveis, tanto no interior como no exterior da Cabala. Ela nos incita a servir do texto sagrado como um trampolim para outro lugar, capaz de iluminar o que teria sido apenas uma fria aparência.

Contudo, falar da Cabala judaica, da Cabala cristã, da Cabala hermética, etc., já é especificar a natureza de um olhar e de uma perspectiva. É limitar uma orientação para a realidade que está além da aparência. Se retomarmos a imagem que acabamos de utilizar, compreenderemos facilmente que uma casa não possui só uma janela ou só uma vidraça. Na verdade, são em geral várias. Cada uma delas possui as suas imperfeições e cada uma conduz a um ponto de vista aparentemente diferente da realidade. Nenhuma será superior à outra, nem mesmo definitiva. Que uma se chame Torá, a outra, o Novo Testamento, *Baghavad Gita*, etc., isso não tem nenhuma importância em si, pois sua natureza de texto sagrado visa ao mesmo objetivo, que é o de nos conduzir para os planos divinos. É por essa razão que, em sua sabedoria, a Tradição Maçônica nos permite utilizar com frequência diferentes livros sagrados durante o Juramento Maçônico.

A Cabala hebraica

Histórico

Etimologicamente, a palavra Cabala significa "tradição" e sua raiz hebraica significa "receber". Isso indica que diversas tradições receberam o que poderíamos qualificar de revelação oral e escrita. Foi o caso para o povo hebreu, que herdou essa tradição por intermédio de Moisés, que por sua vez a passou para Joshua, de quem os Juízes e depois os Reis a herdaram.

Obviamente, o texto literal foi perfeita e fielmente transmitido, embora quase sempre "ao pé da letra". O sopro do espírito era, no entanto, necessário para conservar a herança desta revelação, por meio de uma espécie de continuidade do contato com Deus. Os Profetas asseguraram essa função da mesma maneira que os oráculos da Antiguidade recebiam a mensagem divina, que testemunhava essa realidade transcendente. Mas mesmo neste caso, os comentaristas ou autoridades tinham dificuldade para abandonar o texto literal e alcançar o comentário místico ou espiritual do texto original. Ora, o misticismo sempre foi uma parte essencial da vida espiritual judaica. A tradição sugere, enfaticamente, que a fonte tenha sido o próprio Abraão.

É justo que 2 mil anos antes, os rabinos do Talmude não tivessem usado essa palavra, mas tivessem falado de "nistar", que corresponde ao mundo secreto da Torá, esse posto em paralelo com o "niglah", ou seja, aquilo que é revelado.

De toda forma, as raízes dessa tradição remontam sem equívoco a muito antes e certamente às religiões pagãs da Babilônia.

Foi entre os séculos III e IV que surgiu o primeiro livro explicitamente cabalístico: o *Sepher Yetzirah*.

Os próximos escritos mais significativos foram o *Sefer Raziel*, ou "livro do anjo Raziel", o *Sefer Bahir*, ou o "livro da iluminação", e o *Zohar*, ou o "livro da brilhante luz". Eles foram de certa maneira os pilares dessa tradição oculta. De acordo com certas fontes, o *Zohar* foi descoberto por Moisés de Leon, que viveu em torno de 1290, na Espanha. Mas é atribuído a Rabbi Shimon Bar Yochaï, o Rashbi, aluno de Rabbi Akiva, que teria escrito esse conjunto de textos a partir do século III.

No final do século XIII, a Cabala se desenvolveu na Provença, um lugar onde os cristãos e os judeus viviam ainda em "harmonia". Essa extraordinária civilização ainda não tinha conhecido as cruzadas, que iriam definitivamente destruí-la. Os cursos eram dados livremente nas diversas universidades do Languedoque, sem levar em conta a confissão dos professores. As obras filosóficas procedentes de diferentes correntes espirituais e filosóficas do Islã foram traduzidas.

No século XVI, em Safed, o rabino Isaac Louria e vários cabalistas continuaram o trabalho, tendo como base as obras anteriores. Eles desenvolveram práticas e técnicas capazes de ajudá-los a realizar as experiências descritas nos livros que estudavam. A Cabala acabou assim sendo mais conhecida e mais bem compreendida. Ela se torna o meio para ir além da letra do texto, servindo-se da sua riqueza e da sua potência.

Objetivo da Cabala

A Cabala deve permitir a descoberta e a compreensão do sentido oculto do texto sagrado revelado por Deus aos homens. Na tradição de que falamos, esse texto sagrado é constituído pelo *Pentateuco*, ou seja, os cinco primeiros livros da Bíblia hebraica (esses cinco livros contam a história do povo de Israel desde a criação do mundo até a morte de Moisés. São eles: Gênesis, Êxodo, Levítico, Números e Deuteronômio).

Para compreender o sentido oculto desses textos, convém aplicar as técnicas da Cabala e ser guiado por um Mestre possuidor da herança oral da Tradição.

Contudo, a compreensão do sentido alegórico ou oculto não pode ser considerada como um fim em si. Se fosse esse o caso, trataria apenas de um exercício intelectual. O estudo da Cabala deve desembocar em uma mística e em uma prática ritual. O estudante fará assim um verdadeiro trabalho interior, que lhe permitirá passar através do véu das ilusões que constituem o mundo em que vivemos. Os véus se rasgarão progressivamente, até que a letra (o texto sagrado), até então morta, desapareça para revelar esse além transcendente. O estudo se torna um exercício místico, uma oração, ao passo que a alma se aventura em direção ao Eterno, ou seja, começa sua ascensão aos céus, pelo intermédio simbólico da escada de Jacó, ou ainda simbolicamente, empreendendo a ascensão do Sinai, a exemplo de Moisés.

Esse percurso do cabalista se fará pelo exercício de um trabalho meramente interior, do qual a oração seria uma boa imagem, ou ainda por um ritual simbólico como o nosso, religioso, teúrgico ou mágico.

Para resumir, o objetivo da Cabala é duplo: descobrir o sentido oculto do texto sagrado e utilizar essa chave para ascendermos aos planos divinos.

A ferramenta cabalística

Convém agora explicar as grandes linhas do funcionamento da Cabala, a fim de compreender mais facilmente como podemos falar da Cabala cristã.

O alfabeto

Já que o fundamento da Cabala é a interpretação do texto sagrado, a primeira ferramenta fundamental é a língua hebraica.

O hebraico é constituído por um alfabeto formado de 22 consoantes (sendo ele dividido em três categorias de letras: 3 letras mães, 7 simples e 12 duplas). As vogais, tradicionalmente, não eram escritas e foram em seguida adicionadas sob a forma de pontos e de traços (chamados nekudot). O texto original da Bíblia é obviamente anterior a essa adição das vogais, e foi escrito sem separação entre as palavras. O texto parecia, então, contínuo e devia ser reconhecido e vocalizado após um aprendizado direto e oral.

Cada uma das letras, e isso é uma característica importante, representa igualmente um número. Observe que cada letra possui um número, que também é portador de sentido. Em francês, ou nas línguas latinas em geral, a letra não representa nada mais do que ela mesma. Por exemplo, o A não será nada mais do que um A... Ora, em hebraico o equivalente ao A (א) chama-se *Aleph*. Ora, essa palavra Aleph é composta de três letras (אלה) e pode, portanto, ser objeto de investigações etimológicas. Ela traz um sentido particular, que nos esclarecerá sobre a letra e, para além dela, sobre as palavras, pela combinação do sentido de cada uma das letras que a compõe. Em um texto como a Torá, nenhuma dessas combinações é considerada de forma fortuita. Podemos, então, imaginar a profundidade de uma meditação que é possível assim.

Interessa-nos estabelecer as possibilidades que esse alfabeto oferece.

1º Em primeiro lugar, parece que uma mesma palavra pode ter vários sentidos, na medida em que as vogais não existem. Tomemos um exemplo para ilustrar esse ponto.

A palavra "ADAM" se escreve da seguinte forma: אָדָם (Gênese 1:27) e significa "o homem", no sentido genérico. A palavra "ADOM" se escreve: אָלם e significa "vermelho". A palavra "ADAMA" se escreve assim: אֲדָמָה (Gênese 2:7) e significa "a gleba, a matriz".

2º Mas uma palavra pode também encerrar outras palavras e raízes. Assim, em nosso exemplo anterior, a palavra ADAM encerra o sangue: אָדָם→דָם daí uma união de sentido possível entre Adam, o vermelho e o sangue. Adam sendo o homem universal, todos os homens têm o sangue vermelho. Quando então derramamos o sangue de um ser, é também o sangue de cada um dentre nós que derramamos.

3º Como dissemos mais acima, cada letra representa um número, a = Aleph = 1; b = Beth = 2, etc.

A Cabala teórica se divide em três partes: A *gematria*, o *notaricon* e a *temura*.

a) **A Gematria:** Consiste em substituir as letras pelo seu valor e em aproximar as palavras que têm valores totais idênticos. Assim, o exemplo clássico das seguintes palavras: "Um" = érad = אֶחָד = 4 + 8 + 1 = 13 – "Amor" = ahavah = אַהֲבָה = 5 + 2 + 5 + 1 = 13: O amor é, portanto, unidade.

b) **O Notaricon:** Cada letra que forma uma palavra é a inicial de outra palavra e forma, portanto, uma frase. Exemplo célebre, a palavra "AGLA" (אגלא) que é construída a partir da frase "Ata Gibor Leolam Adonaï", "Tu és poderoso para sempre, Senhor". (GLFAAMDC: Grande Loja de Maçons Livres e Aceitos do Distrito de Colúmbia).

c) **A Temura:** É a técnica que consiste em permutar as letras hebraicas. Assim, em sua forma mais simples, podemos substituir cada letra por aquela que precede ou que a segue no alfabeto.

4º Um quarto ponto dessa língua é a própria forma da letra. Como o exemplo citado da letra *Aleph*.

5º Mencionaremos ainda dois aspectos bem desconhecidos, que são utilizados na Cabala mágica. As letras podem ser mentalmente sobrepostas ao seu corpo. Sua visualização, associada à sua pronúncia e aos nomes divinos correspondentes, permite ao praticante sentir interiormente a significação e o poder da letra. É uma forma de meditação ativa que se integra a alguns aspectos rituais desse caminho.

Estes diferentes elementos podem parecer de uma grande complexidade. Poderíamos acreditar que é necessário ser um especialista para chegar a compreender e a utilizar essas técnicas da Cabala. Podemos sentir uma espécie de vertigem e até mesmo de angústia, quando pensamos sobre o que acabo de lhes descrever em algumas rápidas palavras. Mas não devemos perder de vista que esse sentimento bem real nasce da mesma maneira, quando um neófito coloca os pés pela primeira vez em uma classe de física em uma universidade, sem ter nenhum conhecimento sobre o assunto e sem conhecer nem seus códigos, nem suas convenções. O mesmo aconteceria em cursos de biologia molecular. De fato, esse sentimento de vertigem é bem natural, não devemos nos assustar, já que ele decorre do fato de estarmos diante de uma língua estrangeira e de um sistema que a utiliza.

Poderíamos concluir que é então indispensável conhecer o hebraico para se praticar a Cabala. Isso é ao mesmo tempo verdadeiro e falso. Com efeito, um bom número de israelitas, que utiliza diariamente o hebraico, não tem nenhuma ideia dessas técnicas de Cabala e não se interessa por elas. Certamente, o conhecimento do hebraico pode nos fazer ganhar tempo, mas não nos esqueçamos de que falamos da dimensão oculta desses elementos.

Mas, para nos tranquilizar, é importante esclarecer que a língua hebraica não constitui toda a Cabala, muito longe disso. Bem, poderíamos dizer que ela constitui apenas o aspecto mais particular.

Se nos distanciarmos um pouco em relação à contribuição da Cabala, reteremos os seguintes elementos:

1. o alfabeto do qual acabamos de falar e sobre o qual não retornaremos;

2. a árvore sefirótica;

3. os quatro mundos;

4. a estrutura do homem.

Para estes três últimos pontos, a abordagem é mais fácil de se compreender e constitui uma das bases fundamentais sobre as quais os cabalistas cristãos e hermetistas articularão suas análises, suas teorias e suas práticas.

A árvore sefirótica

As dez sefirotes constituem o que às vezes é chamado de a Árvore da Vida.

Essa árvore é um esquema polissêmico. Ela pode representar ao mesmo tempo o microcosmo e o macrocosmo.

Em relação ao macrocosmo, ela representa a manifestação do Universo, que se torna denso de esfera em esfera. Surgido do nada, o Universo descrito pela Bíblia se manifesta por meio de várias etapas, estados que são representados simbolicamente pelas sefirotes. Elas representam ao mesmo tempo os estados da manifestação do Universo e as características arquetípicas da manifestação. Assim, a segunda esfera, Hokhmah, representará a Sabedoria, a terceira, a Prudência ou Inteligência, e assim por diante.

No plano microcósmico, essa árvore sefirótica representa o homem arquétipo, absoluto. É aquele que chamamos de Adam Kadmon, o ser primordial, que foi criado hermafrodita por Deus, portanto antes de sua divisão. A árvore sefirótica é então a representação daquilo que todos nós somos no absoluto, sem distinção de sexo.

O objetivo do adepto é utilizar o esquema dessa árvore para progredir de acordo com uma escala do mundo material (Malkuth) na direção da esfera mais elevada: o mundo divino (Kether).

São os dez nomes divinos que nós mortais concebemos de Deus. São nomes de essência, de pessoa, os quais chamamos de Kether – Coroa; Hokhmah – Sabedoria; Bina – Prudência ou Inteligência; Hesed – Clemência ou Bondade, Gebura – Gravidade ou Severidade; Tiferet – Ornamento; Nezah – Firmeza; Hod – Confissão de Louvor; Iesod – Fundamento e Malcuth – Reino. Acima da coroa se situa En Sof Infinitude e é o abismo.

Os quatro mundos

Na Cabala hebraica, o Universo é dividido em quatro mundos: *Assiah* (o plano material), *Yetzirah* (o plano astral), *Briah* (o plano mental) e *Atziluth* (o plano divino). Aliás, podemos estabelecer uma relação entre eles e a estrutura de nossa personalidade.

Daremos um breve resumo de cada um deles.

Assiah – O plano material

Ele corresponde ao universo físico e por isso é o mais denso. É a manifestação material das forças cujo modelo se encontra nos mundos superiores. Podemos nos surpreender com a complexidade e a desordem desse mundo, que parece apenas pouco estruturado nos planos ideais, mas isso é uma simples aparência. Na realidade, a estrutura ordenada realmente existe para quem sabe percebê-la por trás dos véus ilusórios da natureza. É preciso se dedicar para se tornar sensível aos conceitos e ideias que sustentam o mundo que vemos. Então nós nos relacionaremos com esses planos divinos. No microcosmo humano, Assiah se refere ao organismo físico, às estruturas subatômicas, atômicas e moleculares.

Yetzirah – O plano astral

Ele corresponde ao plano astral, distinto, portanto, daquele sobre o qual acabamos de falar. É de alguma forma a energia que sustenta o mundo físico (das aparências) no qual vivemos. Tudo o que se passa no mundo físico acontece primeiramente em Yetzirah. Mas, de uma maneira bastante evidente, este último está sujeito à mudança e permanece inconstante e incerto. Ele tem fartura de imagens que emanantes de Assiah, que foram constituídas, entre outras coisas, pelas emoções. No microcosmo humano, Yetzirah se refere ao inconsciente inferior, ao corpo energético que se chama *Néphesh*.

Briah – O plano mental

Ele corresponde ao mundo da criação, que contém as imagens arquetipais e não os próprios arquétipos. É o mundo intelectual, que possui a imagem das realidades que são percebidas por aqueles que conseguem se elevar até esse plano. Convém distinguir as imagens que ali se manifestam daquelas que se encontram no mundo de Yetzirah. Estas últimas eram imagens cambiantes e múltiplas, que na maioria das vezes provêm das emoções ligadas a Assiah. Aqui, em Briah, elas são o reflexo descendente das realidades arquetipais de Atziluth. No microcosmo humano, Briah refere-se à consciência racional, às energias do ser, ao corpo que é chamado o *Ruach* (Rouar).

Atziluth – o plano divino

É o mundo divino, no qual residem os arquétipos autênticos. É o mundo da abstração pura que se pode perceber somente por meio das expressões arquetipais, que entre outras são as dez forças das quais fazem parte os sete planetas. Nós as encontraremos na representação da árvore sefirótica. Para não esquecer, relembremos o sentido arquetipal de cada um deles: *Saturno*: estabilidade imutável; *Júpiter*: benevolência majestosa; *Marte*: força intrépida; *Sol*: esplendor fecundante; *Vênus*: amor celeste; *Mercúrio*: espírito de sabedoria, *Lua*: mudança e dever.

No microcosmo humano, ele se refere ao espírito, ao inconsciente superior e aos princípios arquetipais. É chamado a *Neshamah* (Neshamah).

Acima desses quatro mundos se encontram o que os cabalistas nomeiam de os *véus da existência negativa*: *Eïn Soph Aor*: a luz infinita, *Eïn Soph*: o infinito, *Eïn*: o nada.

A estrutura do Homem

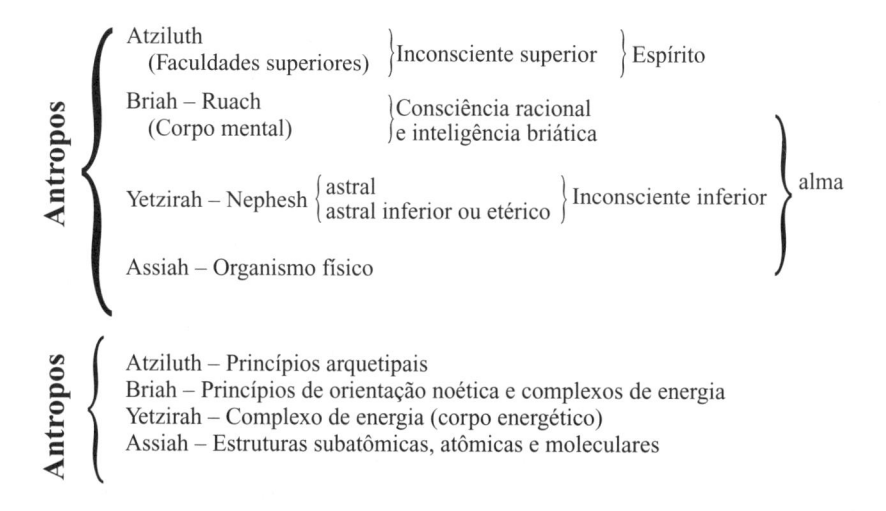

Antropos {
- Atziluth (Faculdades superiores) } Inconsciente superior } Espírito
- Briah – Ruach (Corpo mental) } Consciência racional e inteligência briática
- Yetzirah – Nephesh { astral / astral inferior ou etérico } Inconsciente inferior } alma
- Assiah – Organismo físico

Antropos {
- Atziluth – Princípios arquetipais
- Briah – Princípios de orientação noética e complexos de energia
- Yetzirah – Complexo de energia (corpo energético)
- Assiah – Estruturas subatômicas, atômicas e moleculares

A Cabala cristã

A Cabala cristã se inscreve nessa tradição da busca do sentido oculto. O cristianismo sempre contou com espíritos abertos, preocupados em ir além do véu e em se comprometer com uma real investigação dos sentidos. Como eram cristãos, foi então natural se interessarem pela Bíblia, para libertar o seu sentido oculto. Essa primeira etapa os levou à descoberta da própria fonte, ou seja, o texto original da Torá. Pareceu então natural aos cabalistas cristãos que se dirigissem àqueles que veiculavam essa tradição e nela foram iniciados, os próprios judeus. Eles aprenderam tudo o que podiam em contato com eles, quer se tratasse de técnicas teóricas ou das práticas rituais.

Mas o Judaísmo não deixa de ser uma religião e os cabalistas judeus não deixam de ser esoteristas e místicos. Ora, alguns desses conhecimentos podem ser transmitidos apenas aos membros da própria religião. Esses investigadores cristãos tiveram então de escolher: ou se converter ao Judaísmo, ou continuar o caminho por eles mesmos e constituir assim uma nova expressão dessa sabedoria. Foi o que aconteceu.

Esses novos conhecimentos foram aplicados à mensagem da religião cristã. Isso permitiu libertar um sentido esotérico e assim desenvolver um conjunto de práticas decorrentes dessas descobertas.

Mas como para toda e qualquer religião monoteísta, o perigo dessas investigações individuais foi real. A Igreja daquela época não era benevolente com essas iniciativas, pois pensavam que a autoridade do dogma poderia ser questionada, ou que a hierarquia da Igreja poderia ser deixada de lado para se elevar ao divino. Portanto, foi necessário que os cabalistas encobrissem certas partes dos seus propósitos e se organizassem em pequenos grupos de adeptos. Podiam assim desenvolver livremente e com toda segurança as pesquisas e as técnicas. Foi dessa maneira que a Cabala cristã começou a se constituir.

No plano exotérico, os cabalistas propuseram à Igreja que utilizasse essa ciência para resolver o que era considerado como problema judaico. Tornava-se possível se servir das técnicas de numeração e das raízes da linguagem para demonstrar a realidade dos dogmas cristãos sobre a vinda do Messias redentor.

É relativamente difícil dizer se os cabalistas daquela época aderiram interiormente a essas afirmações, ou então se tratava de uma posição política que deveria lhes garantir uma tranquilidade de pesquisa... Para sabê-lo, é necessário dedicar-se atentamente aos seus escritos e tentar distinguir o discurso oportuno e a realidade de suas vivências.

O que surge em primeiro lugar é o seu sentimento de fazer parte de uma velha tradição, o hermetismo, que remontava para além dos hebreus e se enraizava no remoto Egito. Foi Hermes, o Três Vezes Grande, Thot Hermes, que trouxe a ciência e a magia aos homens, por meio da escrita sagrada hieroglífica. Nessa época, o povo hebreu ainda era politeísta... Mais tarde, no final do Império egípcio, Alexandria foi o local em que os cultos de Mistérios se tornaram os depositários desses segredos iniciáticos.

Chegando à Grécia, essas iniciações se associaram à tradição filosófica platônica e desapareceram do mundo visível, quando as escolas filosóficas foram fechadas por decreto imperial.

O primeiro judeu que realmente se converteu ao cristianismo foi Abner de Burgos (1270-1348). Ele assumiu o nome de Alfonso Valladolid em 1320. Como Abulafia, teve visões sobre as técnicas de permutação das letras (ver parágrafo sobre língua hebraica).

Quando Pico della Mirandola nasceu, os judeus viviam esse período de paz de que falávamos anteriormente. E o mesmo acontecia sob o reino muçulmano da Espanha e na terra cristã do Languedoque e da Provença. Foi o primeiro período de encontro entre esses diferentes pensamentos. Esse enriquecimento mútuo durou até a Reconquista.

Foi a partir daí que aumentou o ódio em relação aos judeus e que mais tarde conduziu às atrocidades que conhecemos. Os judeus começaram a ser deslocados a partir de 1477 e, em 1492, foram maciçamente deportados da Espanha. Os cristãos deram, no entanto, a escolha entre a deportação forçada e a conversão.

As traduções dos textos judaicos e cabalísticos foram efetuadas por vários judeus convertidos. Este é o caso, por exemplo, de Samuel ben Nissim Abulfarash (1226-1286), mais conhecido após sua conversão sob o nome de Flavius Mithridates. Ele traduziu mais de 3.000 páginas de obras hebraicas e formou Pico della Mirandola. Mithridates, assim como mais tarde os outros cabalistas cristãos, procurou convencer o papa de que poderia provar as verdades cristãs por meio da Cabala.

Mithridates apresentou o livro *Sepher ha-Bahir* a Pico della Mirandola, que o estudou em sua língua original. É interessante notar que essa obra apareceu no Languedoque por volta de 1150 e já manifestava uma fusão entre as tradições cabalísticas judaicas, neoplatônicas e gnósticas.

Notemos também as influências tanto de Pablo de Heredia (1408-1486) quanto do misterioso professor Dattilo ou Dattylus, que muito escreveu sobre a magia. Algumas das ideias de Pico della Mirandola manifestam claramente essa influência.

Mas essa corrente de iniciados não se interrompeu durante os séculos que se seguiram. Certos indícios mostram isso muito bem, mas foi na Itália do século XV que ela ressurgiria.

Reuchlin, grande cabalista cristão, iniciou uma das suas obras mais famosa, *A Cabala Revelada*, com uma carta ao Papa Leão XIII, em que explica claramente esse renascimento do neoplatonismo na Itália, na cidade de Florença.

Essa nova academia platônica acabava de ser fundada por Cosme de Médici e se estabeleceu na casa de Careggi. Contudo, essa fundação se fez sob o impulso e a inspiração do último descendente da tradição helenista, Pleton. Por ocasião de um concílio que reuniu as Igrejas do Oriente e do Ocidente, esse Mestre transmitiu os antigos textos dos filósofos gregos e neoplatônicos aos Médicis, que encarregaram Marsílio Ficino de traduzi-los.

Esse trabalho de tradução deu origem à renovação das letras clássicas que se espalharam por toda a Europa, expulsando as trevas do final da Idade Média. Ele introduziu no Ocidente cristão uma seiva vivificante, que foi pouco a pouco capaz de quebrar a casca dos dogmas.

Como herdeiro do neoplatonismo, Pleton transmitiu a dimensão religiosa e sagrada, bem como as iniciações secretas que lhes eram associadas. A academia platônica de Florença constituiu então essa base, ao mesmo tempo exotérica e esotérica, sobre a qual ressurgiu a venerável árvore do hermetismo.

Tratava-se de uma realidade prática, ao mesmo tempo simbólica e ritual, se materializando em um processo iniciático que é muito conhecido e utilizado por uma Ordem como a Ordem Cabalística da Rosa-Cruz. A iniciação hermetista integra plenamente o aspecto teúrgico em seus ritos e procura acompanhar o iniciado na direção das esferas mais elevadas da divindade.

É fácil, então, ver que os cabalistas cristãos daquela época foram realmente os herdeiros da tradição hermética, transmitindo os conhecimentos dos mistérios pré-cristãos do Oriente e do Mediterrâneo. Assim como na origem, essa espiritualidade era abrangente e universal, ou seja, católica no seu sentido etimológico.

A leitura dos textos da Cabala cristã do Renascimento e dos séculos seguintes nos mostra as intenções dos seus autores.

Assim como tinham feito os pensadores da Antiguidade, reunidos em Alexandria nos primeiros séculos de nossa era, os cabalistas ressuscitaram os antigos mitos e, sob os auspícios de Pitágoras, que se tornou o pai da Cabala, deram continuidade à obra da Tradição. O Cristianismo e suas intuições positivas evidentemente não foram negados, mas simplesmente associados ao que o precedeu e colocados em uma continuidade histórica, no seio da qual nada do que é novo rejeita radicalmente o que precede.

"Por isso, pensando que apenas as doutrinas pitagóricas faltavam aos sábios, cujos fragmentos, no entanto, se ocultavam dispersos na Academia Laurentina, creio que não vos aborreço se expuser ao público o que, como dizem, Pitágoras e os grandes pitagóricos pensaram. Com sua feliz aprovação, os Latinos lerão o que tinham ignorado até agora. Na Itália, Marsílio publicou Platão; já na França, Jacques Lefèvre de Etaples renovou Aristóteles, e eu, Capnion, mostrarei aos alemães um Pitágoras, cujo Renascimento por meio de meus cuidados, a vós dedico. A obra não poderia ter sido bem conduzida sem a Cabala dos hebreus. A Filosofia de Pitágoras começou com os preceitos dos 'Cabalaei' e a memória dos Patriarcas, deixando a Grande Grécia, voltou a se ocultar nas obras dos cabalistas. Era necessário então obtê-la por inteiro. Por isso, tenho escrito sobre a arte cabalística, que é uma filosofia simbólica, para revelar os ensinamentos dos 'pitagóricos' aos eruditos."

Notemos ainda, no final do Renascimento, a importante obra de Christian Knorr von Rosenroth, *Kabbala Denundata*, que é uma compilação muito importante de textos cabalísticos.

É a partir daí que podemos verdadeiramente falar de uma Cabala cristã e hermética, que se transmitiu um pouco mais tarde na "comunidade dos Magos", de Agrippa.

A amizade e a fraternidade dos adeptos constituem uma cadeia extremamente forte e, no entanto, discreta, que atravessou a história e se manifestou sob diversas formas. Esses iniciados colocaram essa importante herança em diferentes lugares e grupos suscetíveis de transmiti-las e de protegê-las. Esses "depósitos" foram às vezes efetuados sem que essas estruturas exteriores o soubessem, ou mesmo concebessem sua importância. Foi, por exemplo, o caso de certos graus ocultos da Franco-Maçonaria. De vez em quando, Ordens Iniciáticas eram constituídas, permitindo salvaguardar a iniciação e o método próprios a essa tradição. Alguns receberam apenas uma parte da herança, enquanto que outros foram capazes, pelo seu próprio caráter e pela época da sua manifestação, de acessar a outros aspectos dessa rica linhagem. Essas foram as tradições teúrgicas neoplatônicas, a Rosa-Cruz, o Martinesismo, o Martinismo, a Ordem Cabalística da Rosa-Cruz, etc.

Seria demasiadamente longo desenvolver, como fiz em meu livro, cada uma dessas correntes. É, contudo, interessante observar que a tradição e a prática cabalística cristã se integram assim em cada uma dessas escolas, às vezes de maneira muito explícita, e outras de maneira menos evidente.

Igualmente necessário é tomar consciência de que essas tradições iniciáticas não foram monolíticas. A tradição Rosa-Cruz conheceu os aspectos alquímicos, teosóficos e, como no caso da Ordem Cabalística da Rosa-Cruz, que esteve na origem das formas modernas dessa corrente, uma fusão entre a tradição da Cabala cristã e do hermetismo. O mesmo aconteceu com o que se chamou Martinismo, corrente de Louis-Claude de Saint-Martin, filósofo e teólogo francês (1743-1803), do final do século XVIII.

Mas muitas vezes a história de uma tradição não revela o seu coração, nem a forma das suas práticas.

Como acabamos de ver, a Cabala tomou, durante a sua história, várias aparências. Às vezes colocada no coração da via mística e esotérica do Ocidente, ela conheceu períodos de ocultação, seguidos de renovações.

Essa herança cabalística é encontrada hoje em todas as escolas iniciáticas do Ocidente. Está, às vezes, presente de uma maneira essencialmente simbólica, como na franco-maçonaria. Outras vezes, é utilizada explicitamente como técnica ritual.

Esse é o caso nas correntes que acabamos de citar. Pois a mensagem dos cabalistas cristãos nos leva a remontar à fonte. Integrei no livro *ABC da Cabala Cristã* as diferentes técnicas oriundas dessa via, pois as tradições iniciáticas consideram frequentemente que a teoria não pode e não deve ignorar a prática interior.

O que chamamos então de Cabala hermética nos permite descobrir as múltiplas facetas da tradição ocidental, começando assim com o que os antigos chamavam "a via sagrada do retorno"!

Uma lenda cabalística e maçônica "Os três magos"

Pareceu-nos importante ilustrar aqui, por meio de uma narrativa mística, a maneira pela qual talvez a Cabala tenha sido transmitida nas tradições iniciáticas preocupadas com a eficácia.

Muito tempo após a morte de Hiram, de Salomão e de todos seus contemporâneos, depois de os exércitos de Nabucodonosor terem destruído o reino de Judá, arrasado a cidade de Jerusalém, derrubado o Templo, levado em cativeiro o resto não massacrado das populações, enquanto a montanha de Sião não era mais do que um deserto árido por onde passavam algumas cabras magras guardadas por beduínos famélicos e saqueadores, em uma manhã, três viajantes chegaram a passo lento com seus camelos. Eram os Magos, os Iniciados de Babilônia, membros do Sacerdócio Universal, que vinham em peregrinação e em exploração às ruínas do antigo Santuário.

Após uma refeição frugal, os peregrinos começaram a percorrer o recinto devastado. A derrubada dos muros e as carcaças das colunas permitiram-lhes determinar os limites do Templo. Eles começaram em seguida a examinar os capitéis que jaziam por terra, a recolher as pedras, para ali descobrir inscrições ou símbolos.

Enquanto procediam a essa exploração, sob uma franja de muro derrubado e em meio aos espinheiros, eles descobriram uma escavação.

Era um poço situado no ângulo sudeste do Templo; eles se empenharam em desobstruir o orifício e depois disso, um deles, o mais velho, o que parecia ser o chefe, deitando-se de barriga para baixo, olhou no interior.

Era meio-dia, o Sol brilhava no zênite e seus raios mergulhavam quase verticalmente no poço. Um objeto brilhante atingiu os olhos do Mago. Ele chamou seus companheiros, que se colocaram na mesma posição que ele e olharam. Evidentemente, ali havia um objeto digno de atenção, sem dúvida uma joia sagrada. Os três peregrinos resolveram dela se apoderar. Desfizeram as faixas que tinham em volta da cintura, ataram umas às outras e jogaram uma de suas extremidades no poço. Então dois deles, curvando-se, sustentaram o peso daquele que descia. Este, o chefe, empunhando a corda, desapareceu pelo orifício. Enquanto ele efetua sua descida, vamos ver qual era o objeto que havia atraído a atenção dos peregrinos. Para isso, é preciso voltar vários séculos, até a cena do assassinato de Hiram.

Quando o Mestre recebeu, diante da porta do Oriente, um empurrão do segundo mau Companheiro, ele fugiu para alcançar a porta do Sul; mas ao se precipitar ele temeu, ou de ser perseguido, ou, assim que isso acontecesse, de encontrar um terceiro mau Companheiro. Ele tirou de seu pescoço uma joia, que ali estava pendurada por uma corrente com sessenta e sete anéis, e a jogou no poço que se abria no Templo, no ângulo dos lados Leste e Sul.

Essa joia era um Delta de um palmo de lado, feito com o mais puro metal, sobre o qual Hiram, que era um iniciado perfeito, tinha gravado o nome inefável e que carregava com ele, a face para dentro, somente o reverso exposto aos olhares, mostrando apenas uma face unida.

Enquanto, com a ajuda dos pés e das mãos, o Mago descia na profundeza do poço, ele constatou que a parede deste estava dividida em zonas ou anéis feitos com pedras de cores diferentes, cada um com aproximadamente um côvado de altura. Quando ele chegou embaixo, contou essas zonas e achou que eram em número de dez. Então baixou seu olhar até o chão, viu a joia de Hiram, pegou-a, olhou-a e constatou com emoção que ela trazia inscrito o nome inefável que ele próprio conhecia, pois ele também era um iniciado perfeito. Para que seus companheiros, que não tinham como ele a plenitude da iniciação, não pudessem ler, prendeu a joia em sua gola com uma pequena corrente, colocando a face para dentro, assim como fizera o Mestre.

Em seguida, ele olhou ao seu redor e constatou a existência na muralha de uma abertura pela qual um homem poderia penetrar, entrou ali e caminhou tateando na obscuridade. Suas mãos encontraram uma superfície que, ao contato julgou ser de bronze. Então recuou, retornou ao fundo do poço, advertiu seus companheiros para que segurassem firme a corda e subiu.

Vendo a joia que ornava o peito de seu chefe, os dois Magos se inclinaram diante dele; eles adivinharam que ele acabava de passar por uma nova consagração. Ele lhes disse o que tinha visto, falou-lhes da porta de bronze. Eles pensaram que ali deveria haver um mistério; deliberaram e resolveram ir juntos para descobrir.

Os Magos colocaram uma extremidade da corda feita com as três faixas sobre uma pedra plana que existia junto do poço e sobre a qual se lia a palavra "Jachin". Colocaram em cima um resto da coluna onde se via o "Boaz", depois se asseguraram que, assim mantida, a corda poderia suportar o peso de um homem.

Dois deles fizeram em seguida o fogo sagrado, com a ajuda de um bastão de madeira dura rolado entre as mãos que girava apoiado em um buraco feito em um pedaço de madeira macia. Quando a madeira macia pegou fogo, eles sopraram em cima para conseguir uma chama. Durante esse tempo, o terceiro tinha ido pegar, nos equipamentos amarrados junto ao grupo de camelos, três tochas de resina, que tinham trazido para afastar os animais selvagens de seus acampamentos noturnos. As tochas foram sucessivamente aproximadas da madeira inflamada e se inflamaram com o fogo sagrado. Cada Mago, segurando sua tocha com uma das mãos, deixou-se deslizar ao longo da corda até o fundo do poço.

Uma vez ali, eles entraram sob o comando de seu chefe pelo corredor que conduzia até a porta de bronze. Quando chegaram diante dela, o velho Mago a examinou atentamente com a claridade de sua tocha. No meio, ele constatou a existência de um ornamento em relevo que tinha a forma de uma coroa real, em torno da qual havia um círculo composto por pontos em número de vinte e dois.

O Mago ficou absorto em uma profunda meditação, depois pronunciou a palavra "Malkuth" e, de repente, a porta se abriu.

Os exploradores se encontraram então diante de uma escada que avançava pelo chão; eles começaram a descer, sempre com a tocha na mão, contando os degraus. Quando tinham descido três, eles encontraram um patamar triangular, em cujo lado esquerdo começava uma nova escada. Eles a tomaram e, depois de cinco degraus, encontraram um novo patamar, com a mesma forma e as mesmas dimensões. Desta vez, a escada continuava pelo lado direito e era composta por sete degraus.

Tendo passado pelo terceiro patamar, eles desceram nove degraus e encontraram-se diante de uma segunda porta de bronze.

Como anteriormente, o velho Mago a examinou e constatou a existência de outro ornamento em relevo, representando uma pedra angular envolvida também por um círculo composto por vinte e dois pontos. Ele pronunciou a palavra "Iésod" e, por sua vez, essa porta se abriu.

Os Magos entraram em uma vasta sala arqueada e circular, cuja parede era ornada com nove fortes nervuras que saíam do chão e se encontravam em um ponto central no alto.

Eles a examinaram com a claridade de suas tochas, deram uma volta para ver se não havia outras saídas, a não ser aquela por onde tinham entrado. Não encontraram nada e pensaram em se retirar; mas seu chefe voltou sobre seus passos, examinou uma nervura depois da outra, procurou um ponto de referência, contou as nervuras e, de repente, se lembrou. Em um canto escuro ele tinha descoberto uma nova porta de bronze que trazia como símbolo um Sol brilhante, sempre inscrito em um círculo de vinte e dois pontos. Assim que o chefe dos Magos pronunciou a palavra "Netzah", ela se abriu também e deu acesso a uma segunda sala.

Sucessivamente, os exploradores atravessaram cinco outras portas igualmente dissimuladas e passaram por novas criptas.

Sobre uma dessas portas, havia uma lua resplandecente, uma cabeça de leão, uma curva suave e graciosa, uma régua, um rolo da lei, um olho e, por fim, uma coroa real.

As palavras pronunciadas foram sucessivamente: Hod, Tiphéreth, Résed, Géburah, Hokmah, Binah e Kéther.

Quando entraram na nona abóbada, os Magos pararam surpresos, fascinados e assustados. Esta, de forma alguma, se encontrava imersa na escuridão; ela estava, ao contrário, brilhantemente iluminada. No meio estavam colocados três candelabros, com uma altura de onze côvados, e que tinham três braços. Essas lamparinas, que queimavam há séculos, cuja destruição do reino de Judá, de Jerusalém e o desabamento do Templo não tinham levado à extinção, brilhavam com uma viva claridade, iluminando com uma luz ao mesmo tempo suave e intensa todos os cantos, todos os detalhes da maravilhosa arquitetura dessa abóbada sem igual talhada na rocha viva.

Os peregrinos apagaram suas tochas, pois não precisavam mais delas, colocaram-nas perto da porta, retiraram seus calçados e arrumaram seus solidéus, como em lugar santo, depois avançaram e se inclinaram nove vezes em direção aos gigantescos candelabros.

Na base do triângulo formado pelos candelabros, estava disposto um altar cúbico com dois côvados de altura e de mármore branco. Na fachada, olhando o alto do triângulo, estavam representados em ouro, as ferramentas da Maçonaria: a Régua, o Compasso, o Esquadro, o Nível, a Pá e o Maço. Na face lateral esquerda, viam-se figuras geométricas: o Triângulo, o Quadrado, a Estrela de cinco pontas e o Cubo. Na face lateral direita, liam-se os números: 27, 125, 343, 729 e 1331. Enfim, na parte detrás, estava representada a Acácia simbólica. Sobre esse altar, estava colocada uma pedra de Ágata com três palmos de lado; acima, lia-se, escrita em letras de ouro, a palavra "Adonai".

Os dois Magos, discípulos, inclinaram-se, adoraram o nome de Deus; mas seu chefe, ao contrário, levantando a cabeça, disse-lhes:

"Já é tempo de vocês receberem o último ensinamento que fará de vocês os Iniciados perfeitos. Esse nome não é senão um símbolo vão, que não exprime realmente a ideia de Concepção Suprema".

Então, com as duas mãos, ele tomou a pedra de Ágata, voltou-se para seus discípulos, dizendo-lhes: "Olhai, a Concepção Suprema, aqui está ela. Vocês estão no centro da ideia".

Os discípulos soletraram as letras Iod, He, Vav, He e abriram a boca para pronunciar a palavras, mas ele gritou:

"Silêncio! É a palavra inefável que não deve sair de qualquer boca".

Em seguida, ele apoiou a pedra de Ágata sobre o altar, pegou em seu peito a joia do Mestre Hiram e lhes mostrou que os mesmos signos ali estavam gravados.

"Aprendei agora", disse-lhes, "não foi Salomão quem fez escavar essa abóbada hipogeia, nem construir as oito que a precederam, nem mesmo ali ele escondeu a pedra de Ágata. A pedra foi colocada por Enoch, o primeiro de todos os Iniciados, o Iniciado iniciando, que não morreu, mas sobreviveu em todos os seus filhos espirituais. Enoch viveu por muito tempo antes de Salomão, antes mesmo do dilúvio. Não se sabe em que época foram construídas as oito primeiras abóbadas e também esta aqui escavada na rocha viva."

Todavia, os novos grandes Iniciados desviaram sua atenção do altar e da pedra de Ágata, olharam o céu da sala, que se perdia em uma altura prodigiosa, percorreram a vasta nave, onde suas vozes despertavam ecos repetidos. Assim, chegaram diante de uma porta cuidadosamente dissimulada e sobre a qual o símbolo era um vaso quebrado. Eles chamaram seu Mestre e lhe disseram:

– Abra-nos mais uma vez a porta, atrás deve haver um novo mistério morto.

– Não – ele lhes respondeu – não se deve abrir essa porta, há ali um mistério, mas é um mistério terrível, um mistério morto.

– Oh, tu queres nos esconder alguma coisa, reservá-la para ti! Mas queremos saber tudo, nós mesmos abriremos essa porta.

Então eles começaram a pronunciar todas as palavras que tinham ouvido da boca de seu Mestre; depois, como essas palavras não produziam qualquer efeito, disseram todas as que lhes passavam pelo espírito. Eles iam renunciar, quando um deles pronunciou:

– Não podemos, no entanto, continuar infinitamente.

Com essa palavra, "En Soph", a porta se abriu com violência, os dois imprudentes foram jogados ao chão, um vento furioso soprou na abóbada, as lamparinas mágicas se apagaram.

O Mestre se precipitou sobre a porta, curvou-se, chamou seus discípulos e pediu ajuda; eles acudiram ao seu chamado, curvaram-se com ele e com seus esforços reunidos conseguiram enfim fechar a porta.

Mas as luzes não reacenderam e os Magos foram mergulhados nas trevas mais profundas. Eles se juntaram à voz de seu Mestre. Este lhes disse: "Infelizmente, esse acontecimento terrível estava previsto. Estava escrito que vocês cometeriam essa imprudência. Agora estamos em grande perigo nestes lugares subterrâneos ignorados pelos homens. Tentemos, no entanto, sair daqui, atravessar as oito abóbadas e chegar ao poço pelo qual descemos. Vamos tomar as mãos, caminharemos até que encontremos a porta de saída. Recomeçaremos por todas as salas, até que tenhamos chegado ao pé da escala com vinte e quatro degraus. Tomara que consigamos".

E assim fizeram. Passaram horas de angústias, mas não se desesperaram. Chegaram ao pé da escada de vinte e quatro degraus. Subiram contando 9, 7, 5 e 3 e se encontraram no fundo do poço. Era meia-noite, as estrelas brilhavam no firmamento; a corda das faixas ainda pendia.

Antes de deixar que os Companheiros subissem, o Mestre lhes mostrou o círculo recortado no céu pela boca do poço e lhes disse: "Os dez círculos que vimos ao descer também representam as abóbadas ou arcos da escada; a última corresponde ao número onze, aquela de onde soprou o vento do desastre, é o céu infinito povoado com lamparinas fora de nosso alcance".

Os três iniciados reganharam o muro do Templo em ruínas, rolaram novamente o resto da coluna sem ali ver a palavra "Boaz", desamarraram suas faixas, cobriram-se, e montaram na cela: depois, sem trocar uma palavra, mergulhados em uma profunda meditação sob o céu estrelado, em meio ao silêncio noturno, distanciaram-se ao passo lento de seus camelos, na direção de Babilônia.

A Rosa+Cruz

A misteriosa fraternidade

Dentre a longa cadeia dos iniciados que transmitiram a herança prática da Cabala e do hermetismo, muitas vezes é citada a célebre fraternidade dos Rosa-Cruzes. É inegável que ela esteve na origem de uma corrente extremamente importante que reagrupa personalidades de primeiro plano no campo da Filosofia e da espiritualidade. Esse também foi o caso de todas as ciências ditas ocultas, como a Alquimia, a Astrologia, a Magia, etc. Claro, a Rosa-Cruz não foi o veículo essencial do hermetismo e das técnicas teúrgicas que a ela estavam associadas. No entanto, ela foi o lugar de encontro tanto de hermetistas quanto de cabalistas e representou, como veremos, um precioso papel de conservadora das diversas ramificações da tradição esotérica ocidental. Como a Ordem Cabalística da Rosa-Cruz e seus pais fundadores o mostrarão, ela conseguiu conservar em seu seio a preciosa fonte dos Mistérios mediterrâneos e semeou ao longo de sua história os grãos que não pararam de dar frutos. Foi a maioria das próprias Ordens Rosa-Cruzes, mas também alguns graus da Franco-Maçonaria, das escolas cabalísticas e mágicas.

Mas nada ao longo do verão de 1625 poderia prever um tão glorioso destino, quando misteriosos cartazes foram colocados nos vários muros de Paris.

Os primeiros eram assim redigidos: "Nós, deputados do colégio principal da Rosa-Cruz, estamos visíveis e invisíveis nesta cidade, pela graça do Altíssimo, em direção ao qual se volta o coração dos justos. Mostramos e ensinamos, sem livros, nem marcas, a falar todas as espécies de línguas do país em que queremos estar, para tirar os homens, nossos semelhantes, do erro e da morte".

Algum tempo depois, esses cartazes foram seguidos por esse verdadeiro chamado: "Nós, deputados do colégio principal da Rosa-Cruz, informamos a todos aqueles que desejarão entrar em nossa Sociedade e na Congregação, que os ensinaremos em perfeito conhecimento do Altíssimo, da parte do qual fazemos hoje assembleia e, como nós, os tornaremos visíveis invisíveis e invisíveis visíveis, e que serão transportados por todos os países estrangeiros onde seu desejo os levará. Mas para chegar ao conhecimento dessas maravilhas, nós os advertimos de que conhecemos seu pensamento, e se a vontade os leva a nos ver apenas por curiosidade, eles nunca se comunicarão conosco, mas se a vontade os leva realmente a se inscrever nos registros de nossa Confraria, nós que julgamos os pensamentos, nós lhes faremos ver a realidade de nossas promessas, de forma que não damos de modo algum o lugar de nossa casa, pois os pensamentos combinados à sua vontade serão capazes de nos fazer reconhecê-los e eles a nós".

Essas declarações, que em seguida foram repetidas de boca a boca, foram uma sensação em uma época conturbada e sensibilizada pelas querelas religiosas, sociais e políticas. Com efeito, na França, a paz imposta em 1622 aos católicos e aos protestantes parecia bastante precária. Sublinhemos que os termos "Altíssimo" ou "coração dos justos" pertencem ao vocabulário "evangélico", o que inquietou as autoridades e suscitou uma amarga polêmica.

Todavia, foi com certo atraso que a França conheceu, assim, a existência de uma fraternidade Rosa-Cruz. Com efeito, entre 1614 e 1615 já tinham sido publicadas sucessivamente em Cassel duas obras "reveladoras":

- *Fama Fraternitatis Rosae Crucis;*
- *Confessio Fraternitatis.*

Essas duas obras foram completadas, em 1616, pelas *Noces Chymiques* de *Christian Rosencreutz*.

Fama Fraternitatis e *Confessio Fraternitatis*

No ano da publicação do primeiro texto da Rosa-Cruz – o *Fama Fraternitatis* –, Paracelso tinha morrido há 73 anos e Jacob Boehme tinha 39 anos. Como vimos no capítulo anterior, correntes de ideias paralelas ao poder religioso circularam durante toda a Idade Média. Mas foi no século XVII que a maior parte soube da existência de uma fraternidade de espíritos com concepções avançadas, iniciados nas artes invisíveis e prontos a substituir um mundo que estava acabando.

A crise era, nessa época, principalmente religiosa. A Igreja, presa na armadilha do poder e dos apetites temporais, propunha apenas ritos esclerosados. Desde 31 de outubro de 1517, as Teses contra as indulgências afixadas por Martinho Lutero nas portas do castelo de Wittenberge tinham dado o sinal para seu questionamento. A fé cega, que tinha sido uma das chaves do sistema, começava a vacilar sob os assaltos das tentativas de livre exame. A confusão dos espíritos e a desordem dos povos podem ser tragicamente simbolizadas pelas devastações da Guerra dos Trinta Anos (1618-1648) e suas carnificinas absurdas. Em todos os campos, outro mundo estava sendo concebido.

Os eruditos discutem ainda sobre os outros pretensos textos que revelaram a fraternidade Rosa-Cruz. Os detalhes dessa querela não dizem respeito ao nosso propósito, mas não podemos deixar de lado a personalidade de Valentin Andrae (1586-1654), personagem importante do luteranismo ortodoxo. Ele reconheceu a paternidade das *Noces Chymiques* e foi, aliás, o autor de uma importante obra educativa. Foi assim que, entre 1616 e 1617, ele imaginou o plano de uma associação de eruditos cristãos, e depois, em 1620, o de uma cidade utópica, *Cristianópolis*. Posteriormente, ele deveria, no entanto, renegar a realidade de uma fraternidade Rosa-Cruz. Isso pode ser explicado tanto pelas decepções políticas e religiosas como pela preocupação em não se comprometer com sua comunidade religiosa. Ao mesmo tempo, isso também pode corresponder ao imperativo que era feito aos membros da Rosa-Cruz de se ocultar uma vez que sua missão pública estivesse realizada.

A *Fama Fraternitatis Rosae Crucis* ou os *Ecos da Fraternidade* se dirigem a todos os homens e dirigentes de ciência da Europa.

Seu tom é, para nós, singularmente moderno. O autor expõe uma crítica do estado do mundo. Ele reconhece o progresso constante do espírito humano, manifestado pelas novas descobertas científicas, pela exploração de terras desconhecidas, pela tomada de consciência por um maior número de homens de sua qualificação essencial e pela multiplicação de suas buscas. O homem compreende, enfim, a grandeza e a magnificência que são suas e sua condição de microcosmo...

Infelizmente, tudo isso estava comprometido pela vaidade e querelas de alguns, que prefeririam se prender aos seus dogmas estabelecidos. No entanto, não há nenhuma dúvida de que os Mestres do passado teriam gostado de revisar seus conhecimentos e reconsiderar o grande livro da natureza. Esta abordagem é bem próxima daquela de Paracelso, que os textos da Rosa-Cruz consideram como um Mestre incontestável.

O grande projeto a ser realizado era o de uma reforma universal e o personagem que a encarna é o fundador da fraternidade. Ele nos é apresentado como um nobre alemão, enviado bem jovem a um convento, que se engajou em uma peregrinação a Jerusalém. Mas ele negligenciou essa primeira visão para ir até Damasco, na Arábia, onde estão os Sábios. Estes últimos não o acolheram como um estrangeiro, mas como aquele que há muito tempo esperavam. Ele foi chamado pelo seu nome e, para sua surpresa, eles manifestaram um perfeito conhecimento do que ele havia vivido em seu convento.

Ao final de três anos em sua companhia, ele partiu novamente, levando o livro M. (Liber Mundi?) que tinha traduzido do árabe para o latim. Após ter passado pelo Egito, permaneceu em Fez por dois anos. Nessa cidade, estabeleceu contato com os "elementais", que lhe comunicaram outros segredos.

Christian Rosenkreutz voltou então para a Europa. Passou primeiro pela Espanha, onde anunciou seus conhecimentos e procurou convencer os homens de ciência da necessidade de uma reforma completa de suas concepções.

Foi na Alemanha, sua pátria, que o clima político e religioso lhe pareceu mais propício ao desenvolvimento de seu projeto. Christian ali se instalou, em uma casa ampla e elaborou o conjunto de seus conhecimentos, todos centrados no homem. Reuniu vários irmãos, os quais fez que prometessem um engajamento supremo em relação a ele, de fidelidade, de trabalho e de silêncio, pedindo-lhes que escrevessem cuidadosamente as instruções que ele lhes daria. As palavras foram transmitidas em uma língua e em uma escrita mágicas e com um vocabulário extenso, e a atividade dos membros se dividiu entre a composição do livro M. e os cuidados aos inúmeros doentes. Depois, os membros da fraternidade se dispersaram por todos os países para estudar e dividir em seguida o saber adquirido.

Eles se submeteram às seguintes obrigações:

• Não exercer nenhuma outra profissão senão a cura dos doentes, de forma gratuita.

• Não usar nenhum hábito especial para a confraria, mas, ao contrário, adotar os usos locais.

• Apresentar-se no dia C. (?) na casa do Espírito Santo (nome da casa de onde tinham partido) ou de dizer os motivos de sua ausência.

• Buscar o homem de valor suscetível de lhe suceder.

- Seu selo e sua marca de reconhecimento seriam as letras R+C.
- A confraria permaneceria ignorada durante um século.

A morte do irmão Christian continuou ignorada por todos.

A narrativa continua 120 anos depois (1604)[1], pela maravilhosa descoberta do túmulo do Mestre por seus sucessores. Esse túmulo continha coisas surpreendentes. Ele era considerado como um resumo do Universo, cuja parte central revelou inúmeras inscrições. Havia também curiosos objetos: espelhos mágicos, lamparinas sempre acesas...

A *Confessio Fraternitatis* foi anunciada no livro anterior como um ensinamento mais explícito. Os temas da *Fama* ali são retomados e a tônica foi primeiramente colocada no término de um ciclo da história do mundo. É um grande texto da tradição esotérica, que resume uma soma importante de conhecimentos.

Não discutiremos sobre a personalidade real ou mística do autor desses textos. Esta última é quase admitida atualmente, mas subsistem, no entanto, teses opostas. Por outro lado, o caráter antipapista desses escritos é muitas vezes evidente, da mesma forma que o de certo nacionalismo germânico. Mas em relação a este último ponto, não nos esqueceremos do contexto histórico do tempo, que fazia da Alemanha o centro de uma agitação cultural. Não tinha o Imperador alquimista, Rodolfo de Hasburg (1576-1611), transformado o seu castelo em Praga no lugar de encontro dos adeptos e dos príncipes germânicos...

Para além desse contexto histórico, observamos o surgimento, em um momento crucial da história, de um pensamento consciente, mesmo se ele sofreu longos períodos de ocultação. É o da síntese essencial da fé e do conhecimento, da correspondência entre o Homem e o Universo, ou seja, entre o microcosmo e o macrocosmo. Toda civilização que atinge seu paroxismo à custa dessa síntese, engendra sua própria morte e propõe um questionamento dos valores e dos conhecimentos adquiridos. É também nesse momento que os iniciados se mostram durante o tempo necessário. Esse foi, sem dúvida, o sentido social, e por que não político, da Fraternidade Rosa-Cruz, verdadeira comunidade de espíritos, unidos por instituições ou revelações sutis. Mas, como dizíamos na introdução deste capítulo, a corrente da Rosa-Cruz do século XVII permitiria que os conhecimentos ocultos originários da Cabala hermetista se transmitissem e permanecessem presentes, tanto na memória dos

---

1. Essa descoberta do túmulo do Mestre deu origem a várias narrativas míticas e a ritos iniciáticos; este é o caso, por exemplo, na tradição da Franco-Maçonaria. Como ilustração desse extraordinário encontro, damos um texto maçônico anexo em relação direta com esse pensamento e que se articula nos elementos de cabala que abordamos anteriormente.

eruditos, como na dos pesquisadores sinceros. Os trechos oferecidos anexos lhe permitirão ter uma boa ideia desse rico conteúdo simbólico.

Coletânea da Rosa-Cruz

Uma "definição" dos adeptos da Rosa-Cruz

"Os verdadeiros Rosa-Cruzes jamais puderam se constituir como uma sociedade no sentido moderno e profano da palavra: os que estão além de qualquer forma não podem se conter nas formas de uma organização com estatutos e regulamentos escritos, lugares de reuniões determinados, sinais externos de reconhecimento, coisas das quais eles não têm, aliás, nenhuma necessidade. Eles podem sem dúvida, assim como se vê no Oriente, inspirar mais ou menos diretamente, e de certa forma invisivelmente, tendo em vista um propósito especial e definido; mas eles mesmos não se vinculam a essas organizações e, exceto em casos completamente excepcionais, não possuem nenhum papel aparente.

O que se chamou Rosa-Cruz desde o início do século XIV e que recebeu outras denominações em outros tempos e em outros lugares, pois o nome tem aqui apenas um valor meramente simbólico e deve ele mesmo se adaptar às circunstâncias, não é uma associação qualquer, é a coletividade dos seres que chegaram a um mesmo grau de iniciação e que é suficiente para se reconhecerem entre si. É por isso que eles têm apenas o 'templo do Espírito Santo' como lugar de reunião, e este está por toda parte; e é por isso que permanecem desconhecidos pelos profanos entre os quais vivem, precisamente porque seus únicos sinais distintivos são meramente interiores e não podem ser percebidos por ninguém, exceto por aqueles que atingiram o mesmo desenvolvimento espiritual, de modo que a sua influência seja exercida por vias que são incompreensíveis aos homens comuns..." (René Guénon – *O Véu de Ísis,* 1930).

Uma definição da atividade Rosa-Cruz

"Ela é como uma imensa escada de Jacó, iluminada pelo símbolo da Cruz e da Rosa, e nos degraus inferiores há apenas os homens que tentam lutar contra o seu próprio egoísmo, e procuram ajudar o seu semelhante na medida do possível. No ponto mais alto da escada existem os que ocupam elevadas posições sociais, incluindo 'os grandes da terra', grandes por seus meios, pelo poder que detêm, por sua ciência ou pelas suas faculdades criativas, mas que sempre com o mesmo desinteresse, no mesmo ritmo espiritual, trabalham para tornar a humanidade melhor e mais fraterna. Sempre mais alto estão os que atingiram uma perfeição espiritual, que os liberta das contingências materiais e que ajudam 'pelo pensamento' o esforço dos irmãos que estão no plano da ação concreta. Mas esses irmãos 'ascéticos', justamente por causa do seu refinamento psíquico, servem por sua vez como 'retransmissores' dos pensamentos de seres ainda mais elevados espiritualmente, o que faz com que sua ação psíquica seja reforçada e se torne mais potente e mais eficaz. E assim, cada vez mais alto, até os seres que não têm mais nome, até aqueles que podem ser designados apenas pelo número 3, símbolo dos espíritos puros, desses espíritos que residem no 'céu cristalino' de Dante.

E é por isso que não há necessidade de palavras mágicas, de símbolo concretizado em qualquer tipo de matéria, de diploma, para que a obra dos grandes e dos humildes continue – em um ritmo lento ou acelerado, de acordo com os momentos históricos – e é por isso também que as regras da Ordem misteriosa e distante não têm nenhuma necessidade de serem redigidas em estatutos legalmente depositados junto às autoridades..." (Lewis Miller – Boletim dos Polares, Paris, 1934).

Trechos de documentos contemporâneos da Rosa-Cruz

"Os membros desta Fraternidade consideram que:

- Estão destinados a aperfeiçoar a volta de todas as coisas a um estado melhor, antes que chegue o fim do mundo.
- Têm em um grau supremo a piedade e a sabedoria e para tudo aquilo que se pode desejar das graças da natureza, eles são seus pacíficos proprietários e podem dispensá-las conforme julguem ser bom.
- Em qualquer lugar que se encontrem, conhecem as coisas que acontecem no resto do mundo melhor do que lhes foram apresentadas.
- Não estão sujeitos nem à fome, à sede, à velhice, às doenças, nem a nenhum incômodo da natureza.
- Eles podem, em todos os tempos, viver como se existissem desde o início do mundo, ou como se devessem permanecer até o final dos séculos.
- Possuem um livro, no qual podem conhecer tudo o que existe nos outros livros feitos ou a serem feitos.

- Podem obrigar os espíritos e os demônios mais potentes a se porem a serviço e a atrair pela virtude de seu encantamento as pérolas e pedras preciosas.
- Deus os cobre com uma nuvem para ocultá-los de seus inimigos e ninguém pode vê-los, a menos que tenham olhos mais poderosos do que os de uma águia.
- Os oito primeiros irmãos da Rosa-Cruz tinham o poder de curar todas as doenças, tanto que eram por demais ocupados pela multidão de doentes que lhes chegavam. Um deles, muito importante na Cabala, como testemunha o Livro M., tinha curado da lepra o Conde de Norfolk.
- Deus decidiu multiplicar o número de seus companheiros.
- Eles encontraram uma nova linguagem para explicar a natureza de todas as coisas.
- Pela sua ação, a tríplice coroa do papa será reduzida a pó.
- Eles confessam publicamente, sem nenhum temor de serem censurados, que o papa é o anticristo.
- Condenam os sacrilégios do Oriente e do Ocidente, ou seja, de Maomé e do papa, e reconhecem apenas dois sacramentos de acordo com os ritos da Primeira Igreja, reencontrada por sua congregação.
- Eles reconhecem a quarta monarquia e o imperador dos romanos como seu chefe temporal e todos os cristãos. Eles fornecerão mais vantagens em ouro e em prata do que o rei da Espanha consegue das Índias, pois seus tesouros são inesgotáveis.
- O seu colégio, que é chamado de Colégio do Espírito Santo, não pode ser contemplado, ainda que cem mil pessoas o tenham visto.
- Eles possuem na sua biblioteca alguns livros misteriosos e um, aquele que é o mais precioso depois da Bíblia, é o mesmo que o ilustre Pai Iluminado R+C tinha na sua mão direita após sua morte."

(Gabriel Naude [1600-1653], grande viajante, médico de Luís XIII e bibliotecário de Mazarino, que retoma nesse texto a opinião dos meios políticos e teológicos do seu tempo.)

A "descoberta" do túmulo de Christian Rosenkreutz

(Segundo o texto da *Fama Fraternitatis*)

"...ora, essa placa tinha um grande prego, mais grosso do que os outros. Este, arrancado com força, deu acesso a uma grande pedra que se destacava da parede, na qual ela estava incrustada, e revelou uma porta secreta que ninguém conhecia. Com uma alegria repentina, libertamos o resto da alvenaria, em seguida nos deparamos com uma porta, no alto da qual estavam gravados estes caracteres em letras maiúsculas:

EU ME ABRIREI DENTRO DE 120 ANOS após esta data. Demos graças a Deus... e em seguida interrompemos os nossos trabalhos.

Essas revelações serão proveitosas para os que são dignos e não serão, se Deus quiser, para os que são indignos; assim como a porta se abriu de maneira maravilhosa após tantos anos, uma porta será aberta também na Europa, quando a alvenaria for retirada. Ela já é visível, e é o momento que muitos aguardam com impaciência.

No dia seguinte pela manhã, abrimos a porta, descobrindo uma sala abobadada na forma de um heptaedro. Cada lado tinha 7 pés de comprimento e 8 pés de altura. Os raios do Sol não haviam penetrado, no entanto, ela era iluminada por um Sol diferente, embora copiado sobre o molde do outro e se encontrando na parte superior, no centro do teto. No meio da sala, como pedra tumular, havia um altar circular, coberto de uma placa de cobre amarela, com o seguinte texto:

'A.C.R.C. Ainda vivo, eu me dei esse compêndio do Universo como túmulo'.

Um primeiro círculo, servindo de limite, trazia em sua borda:
'Jesus é meu Todo'.

A parte central era composta de quatro figuras encerradas em um círculo que trazia as inscrições:

- A Liberdade do Evangelho.
- Intacta é a Glória de Deus.

O sentido dessas inscrições era claro e sem mancha, como os sete lados e os sete triângulos que as decoravam por duas vezes. Ajoelhamo-nos, todos juntos, dando graças ao Deus único pela Sabedoria, pelo Poder e pela Eternidade. O seu ensinamento, que ele seja louvado, é superior a todas as descobertas da razão do homem."

"Inventário" da sala tumular

(De acordo com a *Fama Fraternitatis*)

"A sala abobadada era dividida em três partes: o teto ou o céu, as paredes ou os lados e o chão ou o pavimento.

Não diremos nada no momento sobre o céu, salvo que o seu centro luminoso era dividido em triângulos dirigidos para os sete lados (se Deus desejar, é preferível que você o veja com seus olhos; você, que espera a salvação).

Cada um dos lados se dividia em dez superfícies quadrangulares, recobertas de figuras e de textos particulares...

O chão era dividido igualmente em triângulos, que representam o reino e as potências do tirano inferior. É por isso que podemos revelá-los, para não enganar o mundo orgulhoso e profano.

Cada lado ocultava uma porta, que dava para um cofre contendo objetos e, mais especialmente, todos os nossos livros e o 'dicionário' de Paracelso, bem como seu 'itinerário' e sua 'vida', que é o princípio dos diferentes escritos que difundimos com liberdade. Um dos cofres continha espelhos com numerosas propriedades, pequenos sinos, lamparinas sempre acesas e, mais do que tudo, havia os repertórios de maravilhosos cânticos. Tudo estava disposto de forma a poder reconstituir, baseado apenas no princípio dessa cripta, a ordem ou a confraria por inteiro, no caso em que ela tivesse desaparecido.

Mas ainda não tínhamos visto o despojo mortal do nosso Pai, tão justo e cuidadoso. Então deslocamos o altar e levantamos uma espessa placa de cobre. E tivemos a sublime visão do belo rosto sem decomposição e perfeitamente preservado como seu retrato o representava, vestido com seus ornamentos. Ele segurava em sua mão um livro em pergaminho, com letras em ouro, intitulado T (Thésaurus). Depois da Bíblia, este é ainda o mais precioso livro e não conviria expô-lo à crítica do mundo profano..."

O chamado final da *Fama Fraternitatis*

"Dirigimo-nos aos discípulos, bem como a todos os homens de ciência europeus que lerão isto, assim como a *Confessio*, com o seguinte pedido:

Que meditem com um espírito reflexivo sobre o nosso pedido de submeter suas artes, que consideram como suas, a um exame extremamente preciso e rigoroso e que em seguida nos comuniquem, por meio de obras, os resultados de suas reflexões coletivas ou individuais, pois ainda que nem nosso nome, nem o lugar da nossa assembleia sejam comunicados, eles estão certos de que esses testemunhos, qualquer que seja a língua na qual estejam escritos, chegarão até nós. Todos os que se indicarem não poderão deixar de ter contato conosco, seja ao vivo, ou se tiverem dúvidas, por escrito.

Proclamamos até mesmo a seguinte declaração: aquele que tiver a nosso respeito um espírito atento e benevolente se beneficiará em seus bens, em seu corpo e em sua alma; aquele que tiver o coração falso ou cúpido não nos prejudicará, mas será exposto a uma miséria muito profunda. Porque é necessário que tenhamos uma morada, mas, ainda que tenha sido vista ou contemplada de perto por cem mil homens, ela deverá permanecer pura, intacta e desconhecida, oculta para a eternidade dos olhos do mundo profano.

A sombra de Tuas asas, Yaveh."

O comportamento intelectual da *Confissão Fraternitatis*

... Filosofia que, tendo em conta o nosso tempo, se inspira mais na teologia e na medicina do que na ciência jurídica.

... Tomamos e cremos que a nossa oferta gratuita e providencial será a causa de numerosas e variadas reflexões para aqueles que não conhecem ainda as revelações do sexto tempo e... que toda espécie de contratempos, próprios à nossa época, obrigam a avançar como cegos que, mesmo em plena luz, só têm o tato para distinguir e reconhecer.

... Não seria bom não se incomodar com mais nada? Não temer mais nem a fome, nem a pobreza, nem a doença, nem a idade?... Poder viver cada momento como se já tivesse vivido a história do mundo desde a origem e como se fosse vivê-la até o fim?... Poder se encontrar em determinado lugar com os povos da Índia, para além do Ganges, mostrando-lhes suas riquezas, ou que os peruanos não o privassem de seus conhecimentos... E sabemos que esses bens inspiradores não dependem de nenhuma herança, nem de nenhuma exclusão, para aquele que deseja adquiri-los...

Não temos nenhuma prevenção contra aquele que se lamenta da nossa discrição, ou contra aquele que deplora oferecermos nossas divulgações sem distinção, sem preferir para isso as pessoas da igreja, da ciência ou da sabedoria, ou as pessoas de nascimento principesco, mas também o homem público... Mas, proclamamos enfaticamente que nossos símbolos e nossos mistérios não chegarem aos homens comuns, embora a "Fama" publicada em cinco línguas pôde ser conhecida por todos. Pois sabemos que os espíritos vulgares e estúpidos abandonam ou não se incomodam...

A chegada ao castelo

(De acordo com *As Bodas Alquímicas*, de Christian Rosenkreutz)

Como conclusão desses textos, eis um trecho de "Zanoni", a novela iniciática de Sir Edward Bulwer Lytton, Imperador da Sociedade Rosacruciana em Anglia (1803-1873), que transmite nos tempos modernos a mensagem da Rosa-Cruz. Este trecho será o prelúdio da nossa próxima abordagem sobre a sobrevivência da Fraternidade através do tempo.

"Venerável Sociedade, sagrada e misteriosa entre todas, vocês, cujos arquivos preciosos e secretos forneceram a base desta narrativa; vocês que, de século em século, conservaram intactas uma ciência antiga e augusta, é graças a vocês que hoje o mundo vai conhecer pela primeira vez – imperfeitamente é claro – os pensamentos e os atos de um dos seus, de um membro de sua Ordem, cujos títulos não são nem falsos nem emprestados. Mais de um impostor usurpou a glória de lhes pertencer; mais de um mentiroso foi contado entre os seus, por culpa da ignorância funesta que, na sua impotência, ainda é reduzida a confessar que não sabe nada relativo à sua origem, seus ritos e suas doutrinas, nem mesmo se existe ainda sobre a terra um lugar onde vocês moram... Foi de vocês que recebi o poder e a missão de colocar ao alcance dos profanos algumas verdades que cintilavam na grande 'Shemain' da sabedoria caldeia e que lançam ainda reflexos luminosos sobre a ciência dos mais recentes discípulos. É verdade que não temos mais o segredo desse nome, que de acordo com os antigos oráculos da terra se precipita nos mundos do infinito, mas podemos, devemos, queremos assinalar o renascimento das antigas verdades à nova descoberta do astrônomo e do químico. As leis da atração, da eletricidade e dessa força misteriosa que é o princípio vital, princípio que, se desaparecesse, deixaria um túmulo no lugar do Universo.

Todas essas leis eram apenas o código em que a antiga teurgia buscava as regras com as quais compôs uma legislação e uma ciência."

Uma Tradição Hermética Rosa+Cruz, a O.C.R.C.

Elementos históricos

A Ordem cabalística da Rosa-Cruz foi fundada em Paris por volta de 1888. O marquês Stanislas de Guaita foi seu primeiro Grão-Mestre. Essa ordem misteriosa é uma das raras Ordens de nossa época que soube preservar os segredos dos rituais iniciáticos. Seus membros têm honrado sua estrutura tradicional e a séria importância da sua formação. Essa atitude de respeito tem permitido à Ordem Cabalística da Rosa-Cruz sobreviver sem corrupção através dos séculos até a nossa era atual. A O.C.R.C. é uma herança equilibrada, que inclui aspectos das filosofias do Martinismo, da Rosa-Cruz, da Cabala e do Hermetismo. É uma estrutura internacional, representando indivíduos por toda parte do mundo. A O.C.R.C. não é somente uma escola filosófica ou simbólica. Desde seu início, o seu objetivo primário tem sido ensinar e iniciar os seres de desejo: homens e mulheres que tenham um desejo ardente de progredir ao longo do caminho da Grande Obra.

Fundação da Ordem

Desde o século XVIII até hoje, o sudoeste da França representou um papel importante no mundo do Hermetismo. Ele foi o lugar de nascimento de célebres correntes religiosas originárias do Gnosticismo, dos Altos-Graus maçônicos e de várias escolas Rosacrucianas e Cabalísticas.

Essa região permaneceu como uma espécie de ponto de origem incontestável das sociedades iniciáticas ocidentais. A Rosa-Cruz emergiu primeiro na Alemanha, mas apareceu quase que simultaneamente em Paris, onde começaram a colocar cartazes nos muros da cidade para anunciar o nascimento dessa nova sociedade. Muitas pessoas se interessaram por essa nova corrente e começaram a tomar o caminho que levava à iniciação.

A tradição Rosa+Cruz é oriunda da reforma do catolicismo e se tornou uma tradição fundada na mescla de simbolismo, alquimia mística e teurgia. Podemos ver essas influências em alguns textos fundamentais da Ordem: *As Bodas Alquímicas*, de Christian Rosenkreutz (Rosa-Cruz) e o manifesto da Rosa-Cruz[2].

É evidente para nós que qualquer exame histórico dessa época mostra que a corrente Rosa-Cruz emergiu e desabrochou no sudoeste da França em meados do século XVIII. O visconde Louis-Charles-Edouard de Lapasse (1792-1867), que nessa época era médico e esoterista, organizou o movimento em Toulouse por volta de 1850. Os assuntos hermetistas e ocultistas eram comumente estudados durante as reuniões. A natureza esotérica dos escritos de Lapasse é certificada por um estudante dos assuntos esotéricos: Simon Brugal (cujo verdadeiro nome era Firmin Boissin). Ele viveu de 1835 a 1893 e escreveu comentários sobre os trabalhos de Lapasse que sobrevivem até os nossos dias.

As correntes Rosa-Cruz dessa época encorajavam uma união entre a tradição mística e simbólica alemã e as correntes da Ciência hermética que estavam vivas e em atividade na região mediterrânea. Essa fusão das correntes francesas e alemãs, ao longo desse período, nos ajudam a compreender por que Spencer Lewis utilizou mais tarde uma orientação egípcia para sua escola, após ter sido iniciado em um círculo Rosa-Cruz de Toulouse.

A ordem da Rosa-Cruz de que falamos aqui (a O.C.R.C.) concentrou-se na utilização dos rituais operativos da Alquimia, da Astrologia e de uma forma específica de Teurgia como práticas fundamentais da Ordem.

A Rosa-Cruz com certeza era independente da Franco-Maçonaria, mas seus membros eram, em sua maioria, ativos nos diferentes graus. Eles criaram diversos grupos de tendência hermetista, cabalística e egípcia. Por prudência, as coletâneas então estudadas e praticadas não foram reveladas como tal em público. Encontramos seus traços nos ritos maçônicos dos altos-graus do século XVIII e nos escritos de Lapasse e de Jollivet Castelot.

---

2. Para uma apresentação mais completa, você pode saber muito mais sobre a história da Rosa-Cruz nas páginas que tratam desse assunto, no *site* da O.C.R.C.

Os historiadores e autores, testemunhas das marcas exteriores dessas correntes, puderam observar alguns desses elementos. Não souberam, todavia, ver as relações entre eles, pois o contato direto entre os iniciados permanece um dos importantes aspectos, assim como sua vontade de transmitir suas buscas e conhecimentos. Portanto, eles não tiveram acesso a um dos aspectos mais importantes da ciência hermética e da prática: a transmissão de informação e os ritos interiores. A Ordem Cabalística da Rosa-Cruz se situa nessa continuidade e é uma das raras a ter conservado uma parte importante de seus ritos e práticas internas.

Stanislas de Guaita

Em 1884, o marquês Stanislas de Guaita leu o livro escrito por Joséphin Péladan, *Vício Supremo*. Atraído pela mística de Péladan, entrou em contato com ele, mas também com seu irmão, Adrian Péladan, que estava ligado à Ordem Rosa-Cruz de Toulouse, dirigida por Firmin Boissin. Foi por meio desses contatos que ele recebeu a transmissão da corrente hermetista da Rosa-Cruz, uma grande parte de seu ensinamento e uma missão. Ele teve como tarefa reunir em uma Ordem a autêntica iniciação Rosa-Cruz, uma formação teórica de qualidade centrada nas ciências tradicionais e nos autores clássicos, bem como uma atitude ritual precisa, séria e rigorosa.

O único aspecto que deveria permanecer visível era o ensinamento e os estudos até então um pouco negligenciados nesses grupos ocultos.

Imediatamente após essa formação e transmissão, Stanislas de Guaita, muito jovem na época, escreveu vários livros ocultistas.

É em 1888 que Stanislas de Guaita, então com 27 anos, funda "A Ordem Cabalística da Rosa-Cruz", dirigida por um Conselho Supremo, composto de 12 membros, seis dentre eles permanecendo desconhecidos "de tal forma que a Ordem possa ressuscitar em caso de falecimento".

Essa data não foi escolhida por acaso. A Fraternidade da Rosa+Cruz de Ouro alemã das origens seguia um ciclo de 111 anos de atividade e seu sistema de graus havia sido reorganizado em 1777. Seguindo as diretivas recebidas, Stanislas de Guaita exteriorizou a Ordem 111 anos depois, ou seja, em 1888.

Os Mestres da Ordem

Entre os membros mais conhecidos podemos citar: Stanislas de Guaita, como primeiro Grão-Mestre; Papus (Gérard Encausse), restaurador do martinismo; Joséphin Péladan, que se separou em 1890 para fundar sua própria Ordem da Rosa+Cruz, essencialmente centrada na busca estética.

A O.C.R.C. atraiu imediatamente os ocultistas europeus mais influentes da época, tais como: Paul Adam (1862-1920), Jollivet-Castelot, August Reichel, o Abade Alta (cujo verdadeiro nome era Calixte Mélinge (1842-1933), cura de Morigny, na diocese de Versailles, (que substituiu Péladan), François-Charles Barlet (pseudônimo de Albert Faucheux, 1838-1921) um dos fundadores da sociedade teosófica na França, Marc Haven (Dr. Lalande) [1868-1926], Edouard Blitz, August Strindberg (1849-1912), Gabron e Thoron, Victor Blanchard (Sar Yesir) [-1953], Spencer Lewis, Lucien Chamuel, Paul Sedir (Yvon Le Loup) (1871-1926), Pierre Augustin Chaboseau, Maurice Barrès, Victor-Emile Michelet (1861-1938), Erik Satie, Emma Calve, Camille Flammarion e muitas outras figuras bastante conhecidas.

Papus, testemunha e participante do nascimento de outras correntes Rosa+Cruz de origem britânica (Golden Dawn), escreveu sobre a Ordem Cabalística da Rosa-Cruz: "O movimento Rosa+Cruz teria continuado no silêncio, ou protegido das outras organizações iniciáticas, se ocultistas estrangeiros não tivessem pretendido arrancá-la da França – lugar de eleição das tradições ocidentais – em suas origens, para levá-la em um movimento que deveria trocar o eixo de gravitação do esoterismo para colocá-lo fora de Paris. (...) Foi um sacrilégio deixar que a obra dos mestres do Ocidente fosse destruída. Por isso, foi decidido em alta instância que um movimento de difusão seria empreendido, destinado a selecionar pelo trabalho e exame os iniciados capazes de adaptar a tradição esotérica no século que iria começar".

Paradoxalmente, sabe-se muito pouco sobre a Ordem interna, uma vez que seus rituais permaneceram em grande parte desconhecidos e até mesmo se duvidou da natureza de sua estrutura iniciática.

Teremos a ocasião de voltar a esse assunto um pouco mais adiante. Em seu aspecto mais conhecido, o do estudo e o da formação, eram estudadas, nessa Ordem, as obras de Eliphas Lévi, Bulwer-Lytton (1803-1873), Fabre d'Olivet, Wronsky, Jakob Böhme, Emmanuel Swendenborg, Martinés de Pasqually e Louis-Claude de Saint-Martin. Todos foram grandes místicos e esoteristas que contribuíram para a difusão do conhecimento e da espiritualidade.

As gerações de ocultistas franceses, europeus que perpetuam as tradições iniciáticas e dos mistérios do Ocidente, foram amplamente influenciadas por essa estranha escola. Esse foi o caso, por exemplo, de

Saint-Yves d'Alveydre (1842-1909) e seu conceito de "Sinarquia", ou ainda por Rudolph Steiner.

A Ordem Cabalística da Rosa-Cruz foi a inspiradora contínua de correntes espirituais ocidentais. É interessante observar que alguns representantes da Ordem receberam a missão de criar uma escola ligada de modo invisível à tradição mãe.

Encontramo-nos diante de um paradoxo que nos coloca na mais pura tradição do Ocidente: uma visibilidade essencialmente cultural e espiritual da Ordem, um segredo sobre os ritos e um aprendizado clássico de grande qualidade.

Nesse espírito é que foi concebida a Ordem e que ela continuou se perpetuando, ao mesmo tempo em um plano exterior e interior, ou oculta no interior do Colégio Invisível dos seis irmãos da Ordem e do Patriarca que dirige esse grupo.

Os Grãos-Mestres exteriores da Ordem depois de Guaita foram:
• François Charles Barlet (Albert Faucheux) [de 1897 a ?]
• Gérard Encausse (Papus) [de ? a 1916]
• Charles Detre (Teder) [de 1916 a 1918]
• Jean Bricaud (em 1922, Bricaud cria uma Sociedade ocultista internacional, junto com o médico Joseph Ferrua, em relação com Jollivet-Castelot.)

A direção oculta da Ordem

É interessante compreender como essa representação e sucessão funcionavam. O Grão-Mestre exterior era um representante público da Ordem que agia sob o controle da Ordem interior e do Grande Patriarca Rosa-Cruz, que representava a verdadeira direção oculta da Ordem. Esse representante exterior não estava autorizado a divulgar o que quer que fosse por sua própria iniciativa. Esse modo de funcionamento é em parte explicado nas obras de Fabre d'Olivet.

Após Bricaud, o Grande Patriarca Rosa-Cruz era ao mesmo tempo o Grão-Mestre da Ordem exterior. Depois dele, a Ordem exterior deixou de existir como tal. A transmissão do Grão-Mestre tornou-se honorífica e associada a algumas responsabilidades na Franco-Maçonaria egípcia, no martinismo ou no gnosticismo. Não é difícil perceber isso, pois os personagens que se referem a esse título jamais conheceram a iniciação e os ritos internos da Ordem. Constant Chevillon e Robert Ambelain foram os únicos a receber algumas observações e técnicas oriundas da Ordem interior e autorizados a colocá-las em ação para a criação das Ordens das quais estavam encarregados.

No plano da Ordem Interior, a sucessão sempre foi transmitida de maneira ininterrupta com a mesma preocupação de exigência da Ordem Rosa-Cruz de origem e na região que sempre tinha sido o cadinho do hermetismo Rosa-Cruz: o sudoeste da França.

O grande patriarca da Rosa-Cruz

Jean Bricaud, que era ao mesmo tempo Grande Patriarca Rosa-Cruz e Grão-Mestre exterior da Ordem, transmitiu o cargo oculto a L. M. F. G., em 1921, que era religioso. J. B. foi seu sucessor e P. T. recebeu o cargo do Grande Patriarca Rosa-Cruz, em 1986, após uma reunião martinista na presença do último Patriarca. Ele entregou sua herança oculta e alguns objetos rituais que marcam essa transmissão a J. L. de Biasi, que assumiu então o cargo de novo Grande Patriarca Rosa-Cruz.

Os objetos martinistas e Rosa-Cruz podiam novamente iluminar o altar dos Mestres passados da Ordem.

Mas o tempo de reativar a Ordem ainda não havia chegado e o segredo sobre essa transmissão deveria ser conservado durante alguns anos para respeitar os ciclos tradicionais. Certo número de Ordens iniciáticas do Ocidente funciona segundo os princípios de ciclos de repouso e de manifestação.

A razão para que seja assim foi pouco explicada. Tudo que está na natureza obedece aos ciclos. As estações, os animais, em resumo, tudo o que é vivo. Imaginar uma ausência de ciclos se traduziria pela morte do organismo em questão. Parar, em nossas vidas, essa alternância entre os momentos de vigília e os de repouso, simplesmente nos conduziria ao esgotamento ou à loucura. O mesmo vale para as ordens iniciáticas, que também são verdadeiros organismos vivos de outro gênero.

Tais sociedades não poderiam obter uma verdadeira perenidade sem seguir esses ciclos de repouso e de renascimento, fundados em períodos extremamente precisos. Isso não significa que toda atividade cesse durante o período de repouso, muito pelo contrário. A única diferença é que é proibido a qualquer pessoa não apadrinhada por um membro ser iniciada e entrar assim na egrégora da Ordem. As únicas pessoas que podem ser recebidas são os pais ou os amigos muito próximos dos membros. Toda publicidade é proibida. Caso se questione os membros sobre o seu pertencimento à fraternidade, eles podem negar. As atividades continuam acontecendo normalmente, mas de uma maneira secreta.

Quando se aproxima o tempo de despertar a estrutura, um período de reativação de sete anos tem início para a hierarquia da Ordem. É por isso que em 1999, a Ordem interior pôde recomeçar seus trabalhos ocultos. Esse período sempre tem como objetivo despertar na memória dos pesquisadores a presença dessa tradição, de seus valores e de sua filosofia. O desejo é assim reativado na consciência daqueles que já fizeram um primeiro passo no caminho do oculto.

O primeiro período de quatro anos, no interior dos sete anos, foi destinado a despertar o hermetismo ocidental e a manifestar sua presença. Como antigamente, tudo foi organizado no interior da estrutura iniciática mais exterior possível e mais popular da Franco-Maçonaria francesa. Uma estrutura foi construída pelos responsáveis da Ordem e colocada ali onde ela poderia ser acessível de uma maneira bastante fácil.

Alguns ritos foram transmitidos, de forma que as energias fossem colocadas em movimento. Assim, algumas modificações apareceram no panorama do mundo oculto europeu. Começou-se a falar muito mais de hermetismo, e conexões apareceram entre as correntes iniciáticas tradicionais já existentes e as antigas correntes das Escolas de Mistérios. Outras Obediências quiseram utilizar esses ritos e essa estrutura exterior, sem conhecer, no entanto, a origem exata das práticas e nem mesmo a natureza da filosofia veiculada por esses ritos. Tudo isso fez parte do despertar das energias e muitos foram surpreendidos pela potência e rapidez do que assim se manifestou. Tudo acontecia como se uma força ou uma potência superior presidisse a obra. Começaram a aparecer trabalhos que mencionavam esta ou aquela característica em relação indireta com o movimento subterrâneo que estava ocorrendo. Essa foi a conduta tanto de esoteristas quanto de universitários.

Depois de transcorridos quatro anos, a segunda etapa de renascimento da tradição podia aparecer. Tratava-se, para os responsáveis da Ordem, de reativar os processos rituais internos ao longo de ritos praticados em dias precisos e com frequências repetitivas particulares. Do ponto de vista dos dados cabalísticos, os ciclos de trabalho de quatro, depois de três anos são, por essa razão, significativos. Em 2006, ao final desse período, a Ordem Cabalística da Rosa-Cruz, novamente vivificada pela contribuição hermetista, rosacruciana e martinista, pôde retomar suas atividades, transmitir as iniciações e abrir seus capítulos de acordo com os princípios internos da Augusta Fraternidade[3]. Esta é, em resumo, a história dessa importante escola iniciática. Presente hoje como ontem, sua herança conservou esse vigor e essa riqueza que

---

[3]. Você pode se dirigir à bibliografia, se desejar se aprofundar no estudo dessa apaixonante tradição ocidental.

sempre lhe permitiu adaptar-se à sua época, fazendo irradiar a chama de sua iniciação.

Os graus da Ordem

Introdução
Formação preliminar exterior
Atrium
Grau preliminar: S∴ I∴
Capítulo
1º grau
2º grau
3º grau
Grande Capítulo
4º Patriarcas R+C

Breve apresentação dos graus

A formação preliminar é efetuada exteriormente às reuniões. Ela se fundamenta em uma série de ensinamentos que visam preparar o candidato ao grau preliminar de S∴I∴.

Atrium

Grau preliminar de S∴ I∴

O grau de S∴ I∴ constitui o fundamento e o engajamento espiritual da Ordem. Ele é o pré-requisito. Conhecemos a formação que adquiriu Louis-Claude de Saint-Martin, ao lado de seu Mestre Martinès de Pasqually. Alguns anos após a morte deste último, Saint-Martin fundou uma "pequena escola em Paris". Essa sociedade (comunidade) tinha como objetivo a mais pura espiritualidade. Ele integrou as doutrinas de Martinès às suas e instaurou como único grau aquele de S∴ I∴. Este título era a qualificação distintiva da dignidade suprema dos membros do Tribunal Soberano da Ordem dos Eleitos-Cohens. Na maior parte das sociedades secretas, a iniciação se fazia por graus. Aqui, Saint-Martin optou por instaurar uma transmissão, antes de tudo, moral e espiritual. Tratava-se de receber a chave que abre a porta interior da alma pela qual nos comunicamos com as esferas do Espírito. Nesse estágio, nenhuma condição, nenhum estado intermediário. Somente eram requisitados uma manifestação do desejo, um engajamento da alma e a revelação de uma vontade sincera, honesta. Eis o que foi a Ordem Martinista em suas origens. Foi necessário esperar Papus e seus sucessores para que nascesse uma vontade de fazer do martinismo uma Ordem estruturada em graus, conduzindo à única iniciação transmitida por Saint-Martin. Como testemunham os diferentes documentos históricos, a Ordem Cabalística da Rosa-Cruz sempre considerou esse grau como pré-requisito moral à formação empreendida. Mas não é necessário, neste caso, fazer disso uma Ordem. Esse grau é, portanto, fundamental e, paradoxalmente, necessita apenas de uma formação teórica mínima. Ele é espiritual e constitui uma atitude interior indestrutível. Na sequência desse compromisso, a formação poderá se desenrolar saudavelmente.

Capítulo

Primeiro grau

O primeiro grau mergulha suas raízes bem além do século XVIII. Por sua natureza, ao mesmo tempo cavalheiresca, cabalística e hermética, ele se insere no prolongamento da Cabala judaico-cristã, estruturando seu rito e sua filosofia nas obras fundamentais e nos importantes princípios dessa corrente. Ele é um bom exemplo desse equilíbrio entre as tradições herméticas mais autênticas e uma preocupação de humanismo e de virtude moral que se associam de uma maneira muito estreita. A estrutura de seu potente ritual de iniciação repousa, entre outros, na árvore sefirótica, no livro de *Sépher Yetzirah,* e envolve o iniciado na totalidade do seu ser.

Segundo grau

O segundo grau se enraíza naquilo que é conveniente chamar Cabala cristã da renascença, que alguns igualmente chamaram de Hermetismo renovado. A redescoberta pela escola neoplatônica de Florença dos corpos filosóficos e das iniciações da Antiguidade deram origem a uma rica interpretação simbólica e ritualística do mundo e do percurso iniciático. Os traços exotéricos são numerosos, tanto em artistas que estiveram em contato com esse movimento, quanto em escritores como Dante, Campanella, Giordano Bruno, etc. No plano esotérico, esse grau se insere, sem dúvida nenhuma, nessa *afiliação* espiritual, que parece bem uma herança remota das iniciações de origem pitagórica, eleusina ou mesmo mitraísta.

Terceiro grau

O terceiro grau resume, prolonga e conserva a busca do iniciado na direção do berço das iniciações, que persegue o esoterismo ocidental desde o Renascimento. Os textos rituais utilizados *reativam* aqui, de maneira incontestavelmente autêntica e completa, o que foram os *Mistérios* ou *Iniciações* na origem da Tradição hermetista de Alexandria e de Atenas.

Grande Capítulo

Patriarcas R+C

Os Patriarcas R+C são os Irmãos e Irmãs que seguiram o percurso dos graus da Ordem e foram iniciados responsáveis do Capítulo. Eles estudam e experimentam os aspectos avançados da Ordem.

Algumas Grandes Figuras da Tradição

Martinès de Pasqually

Tudo na vida e nas origens de Martinès de Pasqually permanece mais ou menos obscuro. Nem temos certeza quanto ao seu verdadeiro nome, seu lugar e data de nascimento, sua religião e sua doutrina exata. Tudo isso já foi, ou talvez ainda seja discutido. Contudo, os numerosos trabalhos históricos, dentre os quais o de G. Van Rijnberk, o de Robert Amadou e o de Antoine Faivre, podem permitir que tenhamos uma ideia relativamente justa sobre esses diferentes pontos. Rijnberk escreveu: "De acordo com a certidão de casamento do Mestre com Marguerite Angélique de Collas, e com o atestado de catolicidade do registro das passagens, resulta que:

• Martinès nasceu em 1725, em Grenoble, (ou, mais provavelmente, em 1710, como pode mostrar a descoberta de Christian Marcenne, relatada na revista *L'Esprit des Choses,* nº 15, 1996);

• O seu nome completo era: Jaque (Sic) Delyoron (ou melhor, de Livron) Jochim Latour de la Case Martines Depasqually;

• Seu pai se chamava Delatour de La Case."[4]

Essas informações são, como podemos observar, muito precisas, mas erradas em parte. Como demonstra G. Van Rijnberk, convém retificar a data de nascimento pelo cruzamento de informações e colocá-la mais exatamente em 1710. Quanto ao lugar de nascimento, todos os documentos conhecidos indicam a cidade de Grenoble. Somente Willermoz

---

4. Gérard Van Rijnberk, *Martinès De Pasqually, um taumaturgo do século XVIII,* Georg Olms Verlag, t. IV, 1.II, p.7.

parece crer que Martinès nasceu na Espanha. O nome exato do Mestre apresenta um verdadeiro quebra-cabeça. O trecho citado mostra de fato todas as assinaturas que Martinès usava. Dessa forma, podemos encontrar Dom Martinès de Pasqually, De Pasqually de la Tour, De Pasqually de la Tour Las Cases, etc. Notemos simplesmente que o nome mais utilizado foi Martinès de Pasqually e que seus discípulos retiveram o nome de Martinès para normalmente designá-lo. Uma parte do seu nome, Las Casas, entra em cena no romance de Saint-Martin *O Crocodilo*. Nessa passagem, o Aprendiz Eleazar, judeu habitante da Espanha, tinha sido amigo, antes de retornar à França, de um cientista árabe. "O quinto ou sexto antepassado desse árabe conhecera Las Casas, que o tinha colocado em contato com fortes e úteis segredos que, de mãos em mãos, chegaram às de Eleazar".

"Por que", pergunta-se Van Rijnberk, "Saint-Martin tinha usado esse nome de Las Casas em relação a Eleazar, que representa Martinès no romance do Crocodilo?"

De acordo com o conjunto dos documentos conhecidos, podemos adiantar que Martinès veio de uma família de judeus convertidos, habitante de Grenoble, cujas raízes podem ser situadas na Espanha. Quanto às tradições esotéricas familiares, não sabemos muito. Observem, contudo, que seu pai aparece em uma Carta Patente Maçônica, datada de 20 de agosto de 1738, sob o nome: Dom Martinez Pasquelis, escudeiro.

Resumimos agora o que se pode chamar *o apostolado de Martinès*:

1754: Ele funda em Montpellier o Capítulo dos Juízes Escoceses.

1754-1760: Ele viaja e inicia novos Irmãos em Paris, Lyon, Bordeaux, Marselha, Toulouse e Avignon. Ele fracassa em Toulouse, nas Lojas de São João reunidas, mas funda a Loja "Josué", em Orient de Foix.

1761: Ele é filiado à Loja "La Française", em Bordeaux, e lá constrói o seu templo particular.

1761-1766: Reside em Bordeaux.

1766: Martinès viaja para Paris, a fim de constituir um órgão central: o Tribunal Soberano para a França, constituído por: Bacon de La Chevalerie, Saint-Martin, Willermoz, Desset (ou Deserre), Du Roi de Hauterive e por Lusignan (de acordo com o príncipe Chrétien de Sèze). Em abril, retorna a Bordeaux passando por Amboise, Blois, Tours, Poitiers e La Rochelle.

1768: Nascimento do primeiro filho de Martinès. Ele foi batizado no domingo, 20 de junho de 1768, na paróquia Sainte Croix de Bordeaux e recebeu em seguida a primeira consagração na hierarquia Cohen. O abade Fournié tornou-se em seguida o seu tutor, mas esse primeiro filho desapareceu durante a Revolução Francesa (de acordo com Serge Caillet, esse filho teria sido comissário de polícia e pouco delicado...).

Saint-Martin é apresentado a Martinès e se tornará seu secretário em 1771, quando da partida do Mestre para São Domingos.

Em março, Willermoz é ordenado Réau-Croix (R+), em Paris, por Bacon de La Chevalerie, ordenação aliás prematura, de acordo com o Mestre. Martinès experimenta uma grande dificuldade com dois membros da Ordem: os senhores Bonnichon, dito Du Guer, e Blanquet. O equilíbrio da Ordem está ameaçado, e os dois membros são excluídos.

1769-70: No seio da Ordem, eclode um vivo descontentamento. "Martinès funda sua Ordem sem preparação suficiente. As instruções e os catecismos dos diferentes graus, o ritual para as cerimônias das Lojas, as prescrições necessárias, tudo isso existia apenas em estado impreciso e embrionário no espírito do Mestre, enquanto que as Lojas estavam em pleno funcionamento" (G. Van Rijnberk). "Os Réaux+Croix, únicos aos quais estavam reservadas as operações de magia-teurgia, careciam em vários pontos dos preceitos, conselhos e indicações indispensáveis, ao passo que nas prescrições existentes, as contradições não faltavam."[5] As queixas se tornaram frequentes em Bordeaux, mas Martinès respondeu apenas muito tempo depois, quando seus alunos se acalmaram um pouco; ele os acusou de desejarem mais os altos graus do que se instruírem e os aconselhou a começar por estudar profundamente as poucas das instruções que lhes tinham sido dadas... Contudo, como observa G. V. Rijnberk: "no plano prático, as suas recriminações eram razoavelmente fundadas".[6]

Os discípulos se resignaram...

1771: Saint-Martin deixa o seu regimento militar e se instala em Bordeaux, onde se torna o secretário de Martinès, substituindo o abade Fournié. O verdadeiro trabalho de organização começou, então, graças a Saint-Martin, e isso 17 anos depois das primeiras diligências do Mestre! Durante os anos de 1771 e 1772, importantes pacotes cheios de papéis partiram de Bordeaux para o Tribunal Soberano e para as Lojas. É evidente que, se Martinès tivesse podido continuar a organização com Saint-Martin, teríamos ainda hoje a existência de uma Ordem potente, que constatamos infelizmente muito fragmentária.

1772: No mês de maio, Martinès embarca para a ilha de Saint-Domingues a fim de receber uma herança.

---

5. Ibid., 1.I, p. 27.
6. Ibid., 1.I, p. 28.

1773: O Mestre funda, em Port-au-Prince, um Tribunal Supremo para a colônia de Saint-Domingues.

1774: Após um trabalho constante, Martinès morre, em 20 de setembro desse mesmo ano.

1780: A maior parte dos Capítulos se dissolve e a atividade dos Réaux-Croix torna-se, a partir de então, isolada.

Nesse ponto, três principais correntes de transmissão iniciáticas vão se desenhar. A primeira, clara e compreensível por nós hoje em dia, é a de J. B. Willermoz. A segunda, outrora hipotética, e que nos aparece mais claramente hoje, é a de Saint-Martin. A última, sobre a qual não sabemos nada, ou pouca coisa, refere-se aos iniciados Réaux-Croix, que transmitiram sua iniciação aos seus descendentes (ou parentes), ou a seus íntimos.

Louis-Claude de Saint-Martin

"Senhor, eu vou lhe transmitir a iniciação de acordo com nosso Mestre, Louis-Claude de Saint-Martin, tal qual a recebi do meu iniciador, e assim como ele mesmo a recebeu, e isso há mais de 150 anos. Mas antes, eu o convido, como também convido os meus Irmãos aqui presentes, a juntarem-se a mim, para santificar esse Templo, para que se torne, pela dupla virtude da palavra e do Gesto, o Templo particular, onde vai se realizar o mistério dessa iniciação tradicional.

É por isso que, sob a Forma que outrora os nossos Mestres adotaram, permitimos aos símbolos se manifestarem..."

É de acordo com esse Rito que os postulantes ainda são recebidos hoje em dia nas Lojas Martinistas. Recordaremos que, na Ordem Cabalística da Rosa-Cruz, o grau martinista de S∴I∴ é o primeiro encontrado pelo membro em sua progressão.

Sob sua forma atual, essa sociedade leva o nome de Louis-Claude de Saint-Martin, seu fundador. Ela também deve muito a Martinès de Pasqually, que marcou o Martinismo. Convém, aliás, antes, falar do Martinesismo para os ramos que reclamam sua influência.

Não é fácil compreender Louis-Claude de Saint-Martin, em razão da envergadura das suas investigações e das diversas vias que tomou. Alguns dos seus pensamentos, cuja leitura é empreendida, hoje em dia, durante os trabalhos dos Martinistas, esclarece um pouco a sua concepção:

"Nada torna a alma tépida, como a prosperidade na matéria.

Não há alegria como a que dá a sabedoria.

Procure não seguir, quando não se sentir gratificado por um pensamento vivo e que sua palavra poderia ser vã.

A melhor maneira de pedir a Deus para nos elevar além de nós é nos elevando a nós mesmos.

Não é necessário perguntar por que as coisas não são melhores; o melhor existe, mas nós não estamos nele.

A vida do homem não é outra coisa, senão o caminho que ele faz para levá-lo ao lugar da sua sepultura; assim, podemos ver qual é a ilusão universal dos humanos a respeito deste longo enterro que eles chamam vida.

Todos os homens têm reis, mas nem todos são do mesmo reino.

Há os reis do reino da verdade, os reis do reino da natureza, os reis do reino do erro, os reis do reino da abominação".

Louis-Claude de Saint-Martin entra na história sob a referência dos iluminados, ao passo que ele é muito mais místico. Tudo na sua vida o demonstra, e sua busca pessoal o conduz a se fundir na imagem que se faz de Deus. Ele vive apenas para Deus, para seu Deus e Nele. A sua vida é uma longa oração dirigida para o Amor e para as alegrias mais elevadas.

Mas retomemos o caminho particular que ele toma durante os anos extraordinários do século XVIII, que o leva a encontrar os "iluminados" com os quais trabalha.

Ele faz as suas armas iniciais na Franco-Maçonaria, da qual recebe os primeiros ensinamentos. Essa formação marca a sua obra inteira com o seu selo, tanto na forma ritualística, quanto em certo espírito.

Em outubro de 1768, ele é iniciado na Maçonaria Tradicional de São João, dita "azul". Ele cruza muito rapidamente todos os graus intermediários, encontra Martinès de Pasqually e torna-se seu secretário, entra na Ordem Maçônica dos Eleitos Cohens do Universo e torna-se Réaux-Croix. Especulativo puro, ele domina muito rapidamente o conteúdo iniciático espiritual e mágico da Franco-Maçonaria.

As contingências humanas da Franco-Maçonaria lhe impõem limites que ele não aceita. Por ocasião de uma viagem, ele encontra um iniciado de uma ordem esotérica, os "Filósofos Desconhecidos". Essa sociedade trabalha em um mundo fechado. É procedente dos Irmãos do Oriente, Ordem iniciática fundada em Constantinopla, em 1090.

Louis-Claude de Saint-Martin parece ter encontrado a sua via e, em 4 de julho de 1790, ele se demite dos capítulos esotéricos maçônicos aos quais está unido. Sua inclinação o leva, no entanto, sempre para o espírito dos Eleitos Cohens.

Ele funda a sua própria sociedade e a validade da iniciação que pratica em seguida poderia ser alvo de discussão. Não é nossa intenção debater aqui esse ponto delicado. Dizemos simplesmente que procedendo por verificações sucessivas, a tradição iniciática, na qual se inspira Louis-Claude de Saint-Martin durante sua carreira de iniciador, pode completamente se legitimar. Notemos, contudo, que essa legitimação encontra sua fonte nos diferentes movimentos maçônicos que ele frequenta, ou no ensinamento dos homens que os dirigem.

O sistema esotérico que ele transmite reflete aquilo que recebeu de Martinès de Pasqually, no entanto ele expurga suas operações mágicas. Ele preconiza uma via interior, ascese mística do Ocidente cristão, cujo equivalente se encontra no Oriente na Bhakti-yoga, ou na ioga devocional e de adoração.

Do exterior, a abordagem do pensamento de Louis-Claude de Saint-Martin nem sempre é fácil. A filiação do Filósofo Desconhecido (única assinatura afixada nos seus escritos), explica-se, contudo, em face das diferentes Fraternidades que o marcaram.

Da mais recente à mais antiga das Ordens, o pensamento de Louis-Claude de Saint-Martin procede dos Cavaleiros Eleitos Cohens, de Martinès de Pasqually, da Franco-Maçonaria Escocesa, da Sociedade dos Filósofos Desconhecidos, dos Irmãos Rosa-Cruz, Hermetistas, Irmãos do Oriente, das Corporações Bizantinas de Construtores, dos Colégios Sacerdotais Egípcios, bem como das Associações de Metalúrgicos do Sinai.

Louis-Claude de Saint-Martin exerce a influência certa sobre um grande número dos seus contemporâneos, inclusive de Joseph de Maistre, discípulo fervoroso que o designa como o "mais sábio, o mais instruído, o mais virtuoso dos teósofos". Convém notar aqui que a teosofia do século XVIII está muito afastada da teosofia atual. Esta última se baseia no Budismo e se preocupa com a evolução dos seres por meio da evolução dos mundos, enquanto que a de Louis-Claude de Saint-Martin é cristã. Durante sete anos, ele mantém relações epistolares com Kirchberger de Berna (1792-1799). A leitura de suas cartas, muitas vezes, ilumina melhor as suas ideias do que seus escritos, às vezes bastante obscuros. Essa correspondência filosófica contém reflexões inspiradas nos ensinamentos da palavra divina, mas não faz nenhuma menção aos acontecimentos que perturbam a sociedade contemporânea (Revolução Francesa). Cremos que para essas contingências ele não se referirá de modo algum.

Um comentarista analisa nos seguintes termos esse estado de espírito: "Um fato que me parece curioso observar é a calma com a qual os dois teósofos discutem essas questões (teosóficas) diante de uma França conturbada, que seguia com ansiedade as peripécias de sua regeneração social, rápida como o relâmpago cortando o céu. Em meio a todas essas comoções e em vista dessa série de novas instituições que se desenvolviam com uma irresistível potência, apesar das paixões nacionais, agitadas pelas da Europa, não menos agitada que a França, em meio a todos esses conflitos, todas as guerras e de pé sobre toda espécie de ruínas, incluindo a da sua fortuna, eles pensam na sua obra moral, como se somente aquilo fosse essencial".

Em resposta aos materialistas e ateus de seu tempo, Louis-Claude de Saint-Martin, argumenta em prol da verdade, que às vezes se opõe aos apetites e aos desejos físicos, enfrentando os sofrimentos e impondo ao corpo privações. Como é possível, se em nós existe apenas matéria: o Homem que se obriga às privações por um objetivo nobre, e que se sacrifica mesmo por uma ideia, não se eleva bem acima do animal? Há então em nós um princípio ativo e livre, uma dupla natureza, física e espiritual.

Por meio dos seus escritos, pela filiação iniciática que o liga às mais antigas sociedades de pensamentos, transparece a sua ideia de Tradição Primitiva, fonte de todo Conhecimento.

"É necessário admitir uma revelação primitiva, uma tradição mãe, da qual as nossas constituem os fragmentos. Mostrei bastante, em todos meus escritos, como olhava todas as tradições apenas como testemunhos confirmativos das verdades invariáveis, escritas pela mão do Eterno no coração do homem e, portanto, anteriores a todos os livros e a todas as tradições que as contêm.

Também deixei suficientemente claro que, sem excluir o que há para tomar nas outras tradições, as dos hebreus e dos cristãos parecem conter os tesouros mais abundantes. Quanto mais as diversas tradições anunciam uma analogia entre elas, mais provam a necessidade de um tronco que lhes seja comum e as tradições judaicas parecem ser esse tronco ideal."

Louis-Claude de Saint-Martin propõe um objetivo: a criação de um homem novo. A ideia não é original, dado que numerosas sociedades iniciáticas retomam essa vontade de renascimento. Para ele, no entanto, o homem novo corresponde a esta definição: "Sentirás o teu corpo adquirir um suave calor, que a saúde e a prosperidade oferecem. Sentirás a tua inteligência se desenvolver e conduzir teu olhar a distâncias tão prodigiosas, que tu serás tomado de admiração pelo autor de tantas maravilhas. Sentirás teu coração desabrochar às alegrias tão encantadoras, que ele estouraria se elas durassem por muito tempo. As horas, os frutos que resultarão dessa divina emoção, após ter assim vivificado, te tornarão capaz de vivificar os semelhantes à tua volta".

Ele pouco se interessa pelos acontecimentos políticos. Não se posiciona contra a democracia e a monarquia. Expõe os inconvenientes, as insuficiências e os perigos dos dois sistemas. Pressente, muito bem, o advento de uma nova era, que abolirá as fronteiras e em que todos os homens constituirão apenas uma única e mesma família, governada pelo Verbo criador, e fundada na ideia da tradição e da revelação primordial.

Ele escreve a propósito da Revolução: "A Revolução Francesa apenas substitui uma classe por outra, a aristocracia pelo dinheiro, mas lança sobre o mundo a ideia de justiça social".

À pergunta de sempre, "É pelo Amor que se ascende ao Conhecimento?", Louis-Claude de Saint-Martin dá uma resposta mística como se deve. Amor e Conhecimento seguem duas vias paralelas que não se encontram necessariamente. As duas Colunas do Templo, às quais se identificam, estão reunidas pela palavra mágica Harmonia. O Amor não conduz obrigatoriamente ao Conhecimento. A vida mística oferece a confiança serena, a alegria, bem como o êxtase. O Conhecimento dá uma visão particular de manifestação da Vida, uma forma de admiração, confiança, respeito e alegria, mas não conduz necessariamente ao êxtase místico.

Nascido em Amboise, em 18 de janeiro de 1743, Louis-Claude de Saint-Martin morre em Aulnay, em 13 de outubro de 1803. O túmulo sofreu os danos dos anos, e é provável que os seus restos descansem em uma fossa comum, com uma singular coincidência com os restos de tantos grandes pensadores, como Pitágoras, Sócrates, Platão, etc.

O marquês Alexandre Saint-Yves d'Alveydre

Filho espiritual de Dutoit-Membrini e de Fabre d'Olivet, Saint-Yves d'Alveydre desempenhou um papel preponderante entre os esoteristas do final do século XIX.

Ainda que tenha se recusado a pertencer a qualquer grupo iniciático catalogado, nem por isso deixou de ser Mestre espiritual dos principais ocultistas do seu tempo, quer sejam martinistas, rosa-cruzes ou de outras denominações. Entre os que lhe devem muito, podemos citar Papus, Sédir, Stanilas de Guaita e Victor-Émile Michelet.

Ele contribuiu para fazer penetrar a sabedoria da Índia no Ocidente. Sua influência, discreta, perdura e se acentua a cada década.

Eis, aliás, uma singular confidência de Victor-Émile Michelet: "Talvez um dia me será permitido contar como, em 1919, seus ensinamentos do passado quase penetraram em uma reconstrução da Europa e como o adverso gênio da Terra trouxe sua vitoriosa oposição".

Dois retratos

Temos de Saint-Yves d'Alveydre dois testemunhos que são contraditórios apenas na aparência. Citemos primeiro Jules Bois: "Ele tinha costume de se sentar, a fim de dar uma impressão mais profunda. No entanto, com belos cabelos grisalhos, um sorriso divertido, as mãos carregadas de anéis, apertado em um terno elegante, ele afirmava com a seriedade de uma convicção, em alguns momentos, que tinha escrito 1.400 páginas em três dias e que se comunicava por telepatia com o Grande Lama do Tibete".

E agora, eis como Victor-Émile Michelet evoca seu Mestre: "Um apreciável e gentil cavalheiro, a graça de suas maneiras acrescentava algo mais à sedução da sua palavra. E essa palavra foi, junto com a de Villiers de l'Isle-Adam, a mais elevada e plena que já se ouviu.

Ela planava durante longas horas na mesma altitude... Assim ele começava a pronunciar frases que não tinha escrito... pois era de uma extrema prudência e sabia obedecer ao quarto mandamento da Esfinge: calar-se".

Após uma infância difícil

Seu pai era médico alienista. Desesperado com o caráter de seu único filho, que julgava ser indomável, ele não imaginou outro meio de "domá-lo", senão colocá-lo na colônia agrícola de Mettray, que tinha reputação de ser benéfica para as crianças.

O Sr. Metz (ou Demetz), diretor dessa "colônia repressiva", era não apenas um homem de coração, mas um iniciado. Ele teve imediatamente uma intuição sobre o caráter excepcional do seu novo pensionista, acalmou-o, fez-se gostar, e em seguida o orientou para o alto. Foi graças ao Sr. Metz que Saint-Yves d'Alveydre desenvolveu sua vontade e armazenou uma que logo se tornou bem prodigiosa, apoiada em uma memória infalível.

Os três mestres do pensamento

Aconselhado pelo Sr. Metz, Saint-Yves d'Alveydre se dirigiu para o estudo da medicina naval. Um diploma sancionou seus estudos, mas, a partir dos 20 anos, ele se dedicou ao aprofundamento das religiões e da filosofia da História.

Seu pai espiritual o fez primeiramente ler e meditar sobre três autores: Joseph de Maistre, o cardeal Bonald e Fabre d'Olivet.

Por um "acaso", que não era mais do que um dom da Providência, Saint-Yves d'Alveydre fez uma longa estada em Jersey, onde visitou os refugiados políticos exilados por Napoleão III. Ali ele encontrou um parente de Fabre d'Olivet, a senhora Faure, que lhe comunicou não somente as obras impressas de Fabre, mas também os manuscritos inéditos do mais alto interesse.

Eis o que escreveu um biógrafo anônimo, mas muito bem informado:

"Essa obra deveria marcar profundamente e por muito tempo o pensamento de Saint-Yves d'Alveydre, cuja ambição, durante uma parte de sua vida, parece ter sido a de verificar por estudos extremamente vastos a cosmologia e a filosofia da História elaborada por Fabre d'Olivet, com a visível preocupação de integrá-lo em uma perspectiva especificamente cristã".

Um rico casamento

Saint-Yves d'Alveydre era pobre; obrigava-se a trabalhos extenuantes para ganhar de forma bem miserável a sua vida. Mas em 1878, ele encontrou a condessa Keller; amor à primeira vista e recíproco: o casamento que lhe trouxe o amor, a notoriedade e a riqueza.

A condessa Keller era filha de Marie de Riznitch. Seu pai era originário de Trieste, sua mãe era a condessa Rzewuzka, cuja irmã, Eveline (a senhora Hanska), casou, em segundo casamento, com Honoré de Balzac.

A esposa de Saint-Yves d'Alveydre fazia parte do círculo íntimo da imperatriz Eugênia. Dizia-se que ela era aparentada monarquicamente ao tzar. Em 1880, obteve para seu marido, do santo papa, um marquesado romano, sob o título de Saint-Yves d'Alveydre.

Esse casamento livrou Saint-Yves d'Alveydre das lancinantes preocupações pecuniárias e lhe assegurou uma vida de grande senhor, permitindo-lhe consagrar-se totalmente à sua missão profética. Em uma casa onde tudo era "ordem e beleza", ele reuniu uma magnífica biblioteca. Personalidade conhecida e admirada da Corte e da Cidade, ele se correspondeu com os cientistas e com "os grandes deste mundo".

A obra literária

Abundante, mas muito desigual, foi a sua produção de escritos. Infelizmente! Ele também se considerava poeta e publicou odes, em que os lugares comuns são enunciados em versos mal resolvidos.

Como sua própria personalidade, sua obra em prosa é complexa. Nela se encontra o melhor e o pior, e até mesmo o medíocre. Às vezes, seu lirismo faz falta à sua erudição histórica. Hoje, o seu estilo – que é o da sua época – parece-nos empolado, irritante.

Mas quando ele se "empolga" realmente sobre um assunto, tem voos geniais e fórmulas gnômicas inomináveis. Falaremos especialmente das Missões:
- Missão atual dos trabalhadores (1882);
- Missão atual dos soberanos, por um deles (1882);
- Missão dos judeus (1884);
- A França verdadeira (1887);
- O Arqueômetro (1903);
- Missão da Índia (póstuma).

A Missão dos Judeus mostra, pelo curso da História, desde os tempos mais antigos, qual desordem mortal resulta da usurpação da Autoridade pelo Poder, envelhecida pelo nome de Nemrodismo ou de Cesarismo.

A Missão dos Soberanos estabelece, pela História da era cristã, que mal social gera, ao contrário, a usurpação do poder temporal pelo espiritual ou a exclusão de um dos dois pelo outro.

A Missão dos Franceses passa à aplicação prática desses princípios. É da organização da potência política que essa obra se ocupa especialmente, sendo a sacerdotal tratada suficientemente na Missão dos Judeus.

A Sinarquia

É nas Missões que Saint-Yves d'Alveydre enuncia e aprofunda a noção de Sinarquia, à qual o seu nome será imortalmente associado.

Podemos esquematizá-la assim: a Sinarquia é uma forma de governo trinitário, em que as três funções essenciais das Sociedades, Ensino, Justiça e Economia, são representadas de uma maneira que lhes permitirá funcionar de forma harmoniosa.

Para isso, existirão três Câmaras, sociais e não políticas, eleitas profissionalmente pelo sufrágio universal. Seriam unicamente encarregadas da preparação das leis. A essas três Câmaras corresponderiam três corpos políticos, encarregados de promulgar e de aplicar as leis preparadas com mandato imperativo, pelas três Câmaras sociais. Os corpos políticos poderiam promulgar apenas leis preparadas antes por essas Câmaras sociais e formuladas por elas sob a forma de desejos.

Certamente, a obra de Saint-Yves d'Alveydre apresenta imperfeições e obscuridades, mas pode ser considerada como um dos mais bonitos esforços de síntese que nunca foram tentados pelo gênio humano, e somos autorizados a pensar que ainda é digna de servir como principal diretor dos trabalhos de várias gerações de investigadores de verdade.

O Arqueômetro

Mas Sinarquia não é o único título glorioso de Saint-Yves d'Alveydre. Devemos-lhe também o Arqueômetro, sobre o qual Victor-Émile Michelet dá a seguinte definição: "Que o Arqueômetro seja 'a medida' do Arqueu (força cósmica universal), do qual falam por palavras encobertas os hermetistas. É um método, uma 'chave', que permite aplicar às ciências e às artes uma penetração quase automática dos arcanos do Verbo. É um instrumento de medida dos princípios primeiros!

Vi girar sob as mãos de Saint-Yves d'Alveydre os círculos de papelão cobertos pelos segredos do Zodíaco, e aos seus setores respondem às minhas perguntas".

A Missão da Índia na Europa

Foi provavelmente em 1885 que Saint-Yves d'Alveydre recebeu a visita de misteriosos asiáticos, entre os quais um afegão, chamado de príncipe Hardjij Scharipf. Tinham sido enviados pelo Governo universal oculto da presente humanidade, para lhe revelar a existência do Agartha e sua organização espiritual e política. Foi assim que, com a força dessas revelações, Saint-Yves d'Alveydre mandou imprimir um livro, cujo texto exato é a *Missão da Índia na Europa: Missão da Europa na Ásia. A questão dos Mahatmas e sua solução.**

Essa obra de 200 páginas tinha a seguinte dedicatória:

"Ao Soberano Pontífice, que carrega a tiara de sete coroas, ao Brahatmah atual da antiga Paradésa do Ciclo do Cordeiro e do Áries".

Mas assim que essa obra foi publicada, Saint-Yves d'Alveydre ordenou sua destruição, o que foi feito por ele mesmo!

A alguns amigos íntimos deixou entender que lhe tinham ordenado imperativamente que não expusesse essa "pérola aos porcos", pois ele tinha sido imprudente ao revelar nela segredos terríveis.

---

* N.T.: Obra publicada no Brasil pela Madras Editora.

Um exemplar, entretanto, escapou da destruição; ele pertencia ao conde Alexandre Keller, filho da condessa Keller, de seu primeiro casamento.

Amigos de Saint-Yves d'Alveydre obtiveram, em 1910, a autorização do Conde para que fosse realizada a reimpressão fotomecânica, que foi confiada ao editor Dorbon. Essa reedição é ainda extremamente rara, pois foi feito apenas um pequeno número de exemplares, e, sob a ocupação nazista, os alemães destruíram todos os exemplares que puderam descobrir. Sobre uma folha colada antes da primeira página do único exemplar da primeira edição, que se encontrava na biblioteca de Papus, está escrito das próprias mãos de Papus: "Único volume desta obra que escapou à destruição total da edição, destruição decidida pelo próprio autor, após as ameaças vindas da Índia".

Esse exemplar pertence ao falecido marquês de Saint-Yves d'Alveydre e foi dado ao Dr. Encausse pelo conde Keller. Foi a partir desse exemplar que a obra foi publicada por Dorbon. Outubro de 1910 – Papus (Dr. PH. Encausse).

O Agartha

Centro espiritual, iniciático do Mundo, situado no centro da Ásia, em uma cidade subterrânea, o Agartha é assim organizado, de acordo com a Missão da Índia:

"Milhões de Dwijas (duas vezes nascidos), de Yoguns (unidos em Deus) formam o grande círculo, ou melhor, o hemiciclo...

Acima deles, e andando para o centro, encontramos 5.000 pundits, pandavan, dentre os quais alguns fazem o serviço de Ensino propriamente dito, os outros, os da praça, são soldados da polícia interior ou da polícia das cem portas... O seu número, 5.000, corresponde às raízes da língua védica.

Depois dos pundits vêm, repartidos em grupos cada vez menores, as circunscrições solares de 360 Bagwandas (cardeais).

O círculo mais elevado e o mais próximo do centro misterioso compõe-se de 12 membros, que representam a iniciação suprema.

Acima deles, vemos apenas o triângulo formado pelo Soberano Pontífice, o Brahatmah, suportando as almas no espírito de Deus, e seus assessores; o Mahatmah, representando a Alma universal e o Mâhânga, símbolo de toda a organização material do cosmo".

Duvidou-se da realidade do Agartha, mas dois livros recentes de autores universalmente respeitados vieram confirmar as revelações: *Missão da Índia*: *Animais, Homens e Deus,* de Fernand Ossendowski e

Rei do Mundo, de René Guénon. Diante dos acontecimentos mundiais atuais, eles adquirem um caráter profético confirmando, em suas linhas gerais, a mensagem de Saint-Yves d'Alveydre.

Stanislas de Guaita (1861-1897)

É uma personalidade estranha, como todas as que consagraram sua vida a esse campo sobre o qual temos dito que convém abordar com toda prudência. Mas, neste caso, trata-se de uma elevada inteligência e de um espírito de valor, cuja independência frequentemente altiva garante uma inegável sinceridade. Trata-se de um autêntico aristocrata, cuja vida, contrária à de numerosos outros ocultistas, não apresenta essas sombras embaraçosas e mesmo suspeitas, que ferem as suas teorias e os lançam às vezes no campo da expressão de um inconsciente turvo e obsessivo.

Stanislas de Guaita descende de uma importante família lombarda que se tornou ilustre militarmente antes que Antoine de Guaita, seu avô, se naturalizasse francês e fundasse uma manufatura de gelo em Cirey. O pai, François-Paul de Guaita casou-se com a filha do barão Grangjean, herdando o castelo de Alteville, onde Stanislas de Guaita nasceu, em 6 de abril de 1861. Criado em uma atmosfera de liberalismo e de cultura, ele sempre esteve atento para justificar a si mesmo uma nobreza de coração e de pensamento, isenta de qualquer ignorância, para com todo aquele que não justificasse uma afiliação similar a sua. Muito rapidamente ele manifestou uma independência respeitosa, mas firme, em relação aos princípios religiosos que lhe foram inculcados pela sua família e pelo seu educador jesuíta.

Ele se vinculou com os cenáculos poéticos da sua época e revelou dons autênticos, como testemunham "Pássaros de Passagem", "Musa Negra" ou "Rosa Mística", surgido em 1885. Eis, por exemplo, o poema cujo título é "Getsêmani":

Se Deus morreu em ti, se não resta mais do que o homem
Que desfalece, e se arrasta e se lamenta ao nada,
De que nome, essa noite, tu queres ser nomeado?
– Sim, tu enfraqueceste, mas tua fraqueza é de um gigante,
E, se o Deus não é mais, permanece melhor do que o homem.
É em Getsêmani chorando como uma criança
Que o poeta te ama, ó Cristo, e te reverencia.
Onde tu lhe pareces belo, sublime e triunfante,
Não é como mártir te imolando no Calvário.
É em Getsêmani, chorando como uma criança!

Toda sua obra poética é assim marcada por esse pudor e essa sensibilidade, indicativos de uma distinção inata. Durante todo esse período, o seu comportamento para com seus amigos seria de muita generosidade e de uma bondade discreta. Foi amigo de Maurice Barrès e os seus caminhos só deviam divergir após a sua inquietude espiritual, que rapidamente se questionou sobre as dimensões e o destino do homem. Essa inquietude o conduziu a tomar conhecimento das obras de Eliphas Lévi e em seguida, mas com o mais irrepreensível rigor, tanto em seu pensamento quanto em sua vida pessoal, ele se interessou apaixonadamente pelo ocultismo. Procurou seus textos e formou assim uma extraordinária biblioteca sobre esse assunto, em seu apartamento da avenida Trudaine. Esse cético angustiado, que não se satisfazia mais com uma religião elaborada e com o materialismo crescente do seu tempo, descobriu uma Tradição universal e oculta que se tornou sua crença apaixonada.

"Doravante, nos diz seu secretário Oswald Wirth, o saber oficial, que se refere apenas à superfície das coisas, pareceu-lhe 'profano', destinado à multidão que permanece na frente do templo 'pro-fanum'. À massa dos espíritos grosseiros, opõem-se os 'iniciados', capazes de penetrar no Santuário, onde se revelam os mistérios. Estes foram objeto de um conhecimento (Gnose), que é acessível apenas aos 'iniciáveis', privilegiados por uma excepcional penetração intelectual."

Essas investigações o colocaram em contato com um estranho personagem, Joséphin Péladan, que concedia a si mesmo o título de *Sâr*, ou mago babilônico, e cuja segurança e fecundidade o subjugaram por algum tempo. Com ele e um cabalista, Albert Journet, criou-se então uma espécie de fraternidade, para a qual Stanislas de Guaita trouxe seu desejo de conhecimento e sua lealdade. No entanto, a sua natureza era oposta a tudo o que o comportamento de Péladan tinha de teatral e ostensivo nesse campo, e enquanto este último suscitava entusiasmo nos salões parisienses, após a publicação do seu livro *O Vice Supremo*, Guaita se refugiava no isolamento de uma vida interior e estudiosa. Em 1886, um artigo seu foi publicado e se intitulava "No Umbral do Mistério". Ele deveria ser a primeira vertente de uma obra esotérica, os "Ensaios das Ciências Malditas" que terão quatro partes:

- No Umbral do Mistério
- O Templo de Satã
- A Chave da Magia Negra
- O Problema do Mal

Essa obra fora escrita entre 1890 e 1896, e foi uma tomada de posição tranquila em meio aos movimentos espetaculares e frequentemente pueris que agitaram os ocultistas do seu tempo, principalmente em relação a um recurso constante ao orientalismo, como foi, por exemplo, o caso da Sociedade Teosófica. Sobre esse ponto, Stanislas de Guaita, admirador de Paracelso, considera a Tradição ocidental como bastante rica para satisfazer as nossas aspirações e que, além disso, é conforme ao nosso gênio e aos nossos sentimentos profundos. Todavia, é isso que o oporá a Péladan, esse ponto de vista será colocado de maneira serena e expressará o seu respeito a todos aqueles cujas investigações sinceras procedem de outra via.

Seria necessário citar todo o prefácio da edição de *No Umbral do Mistério* para resumir seu pensamento com clareza e lucidez. Daremos abaixo alguns trechos: "Simplesmente ao ouvir as palavras Hermetismo e Cabala, a moda é de se recriar. Os olhares se enchem de benevolente ironia e intensos sorrisos acentuam a expressão desdenhosa dos perfis. A Alta Magia não é um compêndio de divagações mais ou menos espíritas, arbitrariamente erguidas em dogma absoluto, é uma síntese geral – hipotética, mas racional – duplamente fundada na observação positiva e na indução por analogia. Por meio da infinita diversidade das modas transitórias e das formas efêmeras, a Cabala distingue e proclama a Unidade do Ser, remonta à sua causa essencial e encontra a lei de suas harmonias no antagonismo relativamente equilibrado das forças contrárias. [...]

"Ciências conhecidas e ciências ocultas, a síntese hierática reúne de uma só vez todos os ramos do saber universal, esses ramos cuja raiz é comum. É em virtude de um princípio idêntico, que o molusco secreta a pérola e o coração do homem faz nascer o amor, e a mesma lei governa a comunhão dos sexos e as gravitações dos sóis. [...].

Portanto, nos desculparão de falar com a firme segurança de quem crê. Referimo-nos mais especialmente à Iniciação hermética e cabalista, mas nos santuários da Índia, como sabemos, nos Templos da Pérsia, da Hélade e da Etrúria, assim como entre os egípcios e os hebreus, a mesma síntese adquiriu diversas formas e os simbolismos, aparentemente mais contraditórios, que traduzem para o Eleito a Verdade sempre Una, na língua invariável que há no fundo dos Mitos e dos Emblemas..."

Temos, então, uma tentativa honesta para uma espécie de ecumenismo científico, cujo princípio unitário teria sido objeto de uma transmissão oculta por meio do Tempo. À luz desse princípio, o que é proclamado paracientífico, e em primeiro lugar a Magia, faz parte de um Todo, e assim se explicam os indiscutíveis fenômenos ou os poderes quase sempre negados ou rejeitados, obtidos por aqueles que se beneficiam de um Conhecimento ou de faculdades transmitidas.

No entanto, na mesma época, outros personagens tinham concepções diferentes dessa magia, que se tornou pretexto de uma libertação pessoal. Talvez este seja o perigo que Stanislas de Guaita evocava em outro texto, ao falar daqueles que adquirem tais conhecimentos "às vezes à custa da sua vida e da sua razão". Um desses personagens escandalosos foi o abade Boullan, doutor em teologia, fundador de escandalosas "comunidades religiosas", e cujas extravagâncias erótico-místicas o conduziram a práticas aberrantes, nas quais os espíritos celestes o obedeciam, enquanto que as forças satânicas o torturavam terrivelmente, diante de uma ínfima falha dos seus poderes conjuratórios. O escândalo para Stanislas de Guaita estava no fato de que esse homem se considere Mago e questione assim a honradez e sinceridade dos verdadeiros adeptos.

Rompendo então com seus hábitos de trabalho silencioso, ele procurou agrupar seus pares em uma fraternidade semelhante à da antiga Rosa-Cruz e, em 1888, convocou alguns de seus amigos para lhes expor seu projeto. O empreendimento foi logo aceito por todos e um Conselho dos Doze foi instalado, enquanto Guaita retornava para sua casa na Lorena. Nesse grupo se encontravam principalmente Péladan, o doutor Gérard Encausse, conhecido como Papus, e o impressor Georges Poirel. Esse "Supremo Conselho Rosacruciano" não era, ao que parece, muito eficaz, e suas reuniões eram sobretudo ágapes, onde pontificava o "Sâr" Péladan. Contudo, nessa época surgiu uma importante obra, que foi o "Tratado Elementar de Ciência Oculta", de Papus, que desempenhou um importante papel na propagação dessas ideias. Stanislas de Guaita daria seu testemunho: "Papus é o apreciado autor do *Tarô dos Boêmios*, do *Tratado Metódico* e do *Tratado de Magia Prática,* ou seja, dos três mais belos e mais fundamentais livros para o estudo do Ocultismo que surgiram desde Eliphas Lévi e Saint-Yves d'Alveydre".

No entanto, a verdadeira megalomania de Péladan devia conduzir ao que Oswald Wirth chamou ironicamente de a "Guerra das Duas Rosas". De fato, "Sâr" lançou, em nome da Ordem da Rosa-Cruz, verdadeiros mandamentos, dentre os quais um para o arcebispo de Paris e outro que "excomungou" a "mulher Rothschild"! Essas extravagâncias chocaram o discreto Stanislas de Guaita, que com delicadeza lhe reprovou o fato de desacreditar seus trabalhos. Parece que essa ruptura tumultuada e grandiloquente foi aceita por Péladan, que, ao se tornar

Grão-Mestre e Hierarca Supremo de uma Terceira Ordem da Rosa-Cruz Católica e da Rosa-Cruz do Templo e do Graal, desencadeou um vasto movimento que resultou na manifestação artística da pintura e da música que se celebrou em 1893, no Palácio de Champs de Mars. No entanto, a discrição da qual se cercava a atividade de Guaita foi quebrada por uma circular redigida por ele mesmo e por seus amigos, no intuito de contrapor, na medida do possível, o mal feito por essa propaganda ruidosa.

Aqui, mais uma vez, um exemplo das qualidades humanas de Stanislas de Guaita: quando interrogado sobre Péladan, respondeu o que se segue, tentando definir lealmente o personagem:

"O Sr. Péladan é talvez um dos artistas mais dotados desta época, mas ele tomou uma via desastrosa em todos os aspectos. Não é bastante triste ver um escritor de raça prostituir a dignidade do seu talento e sua pessoa, por causa das extravagâncias de um charlatanismo tão ingênuo quanto talvez inconsciente? O autor de o 'Vício Supremo' prometia mais do que pôde cumprir. Conseguiu um público fiel, que ele comove e encanta à sua vontade. Romancista, o 'Sâr' é um psicólogo sutil e perverso da alma feminina; na magia, ele é um fantasista deslumbrante."

Mencionamos essas disputas apenas para mostrar que efervescência produz certas buscas e o quanto às vezes o grotesco pode dissimular ou ridicularizar os verdadeiros trabalhos; para mostrar igualmente o quanto a tentação é grande para nossa natureza humana, assim que ela acha que apreendeu alguns mistérios ou poderes especiais e se glorificar disso com arrogância, destruindo ao mesmo tempo o valor dos resultados obtidos e o nível iniciático que ela tenha atingido, frequentemente ao preço de muitas dores e de sacrifícios materiais e humanos. Desse ponto de vista, Stanislas de Guaita é um modelo de labor discreto e eficaz. Certamente, nessa diligência que ele tinha escolhido, não se escapa à desconfiança do profano, e Oswald Wirth nos diz que o seu castelo da Lorena era imaginado como um "castelo tenebroso", enquanto que seu gabinete de trabalho em Paris era descrito como um antro, onde "vestido de andrinopla, ele vivia nesse cômodo, cujas paredes eram repletas de livros de Magia, entre os quais permanecia obstinadamente trancado o sinistro armário, onde habitava um monstro mortífero..." – Mas sabemos que assim como outros adeptos, ele nunca tentou a mínima operação, pois conhecia a fundo a teoria e rejeitava a prática, considerando "perniciosa a acrobacia fluídica dos médiuns com efeitos físicos" –. É por isso que concluiremos com o mesmo Oswald Wirth, que foi seu secretário durante dez anos e o admirava como um Mestre: "Tudo é contestável no domínio das afirmações humanas. O Ocultismo não poderia então se beneficiar de uma rigidez dogmática em suas teorias. As que Stanislas de Guaita expõe estão sujeitas ao julgamento da posteridade, que se pronunciará sobre elas ao desenvolvê-las... Os especialistas da exploração desse mundo podem carecer de medidas e se abandonar aos excessos diante dos quais recua a ponderação reflexiva.

A branda sabedoria humana se satisfaz em um justo meio equidistante dos extremos concebíveis. O equilíbrio leva à normalidade, mas a via do espírito põe em movimento os pratos da balança do julgamento: quando um desce, o outro sobre na mesma proporção. Guaita foi tão alto apenas para compensar o exagero materialista da sua época, e os seus livros são um antídoto".

Stanislas de Guaita morreu em 1897, no castelo de Alteville, onde nasceu.

Sua biblioteca iniciática, de um valor inestimável, foi dispersada.

Os Símbolos da Tradição

A cruz

Os símbolos são uma rica linguagem, que nos permite alcançar os sentidos ocultos das coisas e dos seres. A meditação sobre essas representações particulares, frequentemente colocadas no centro das tradições iniciáticas, servem de chave a uma compreensão interior. Além disso, algumas práticas se desenvolvem a partir desses símbolos e é, portanto, muito importante adquirir alguns conhecimentos antes de seguir adiante no caminho que conduz à iniciação.

De uma maneira muito explícita, a tradição Rosa-Cruz veicula dois fortes símbolos, a rosa e a cruz, que devemos explicar, a fim de evitar mal-entendidos sobre seus sentidos esotéricos. De fato, foram eles utilizados exotericamente por diversas religiões e grupos e seus sentidos foram por vezes deformados e desviados. É então fundamental retornarmos às origens do próprio símbolo.

A cruz representa, pelas duas linhas perpendiculares, duas forças contraditórias que se equilibram sem se prejudicar. A linha horizontal corresponde à expansão. Esta conduziria à completa dispersão, se não estivesse limitada pela força contrária. Disso resulta essa atração universal, condição da eclosão e do desenvolvimento da vida. A força centrípeta equilibra a força centrífuga e vice-versa.

Não é necessário crer que a descoberta das leis da atração universal não tenha acontecido antes de Newton, a quem nós de fato tão generosamente honramos. Os antigos as conheciam e nós encontramos em Anaxágoras, em Demócrito, em Plutarco e em Aristóteles afirmações que nos permitem ver claramente que os sábios e os filósofos não compartilhavam o erro geral e nem imaginavam a Terra plana, nem os astros suspensos no céu como belas lâmpadas. Plutarco exprime isso muito bem: "O que ajuda a Lua a não cair sobre a Terra é seu próprio movimento e a rapidez de sua revolução circular, assim como a queda daquilo que colocamos em uma funda é impedida por seu movimento giratório, pois tudo é conduzido pelo movimento natural, caso ele não seja desviado por outra coisa. E dessa maneira, a Lua não é atraída pelo seu peso, pois a gravidade é vencida pela revolução circular". E assim acontece com os outros astros.

Os sábios e os iniciados da Antiguidade não desconheciam nem a atração universal, nem a forma e a extensão da Terra. Ainda que esses dados não fossem divulgados para todos, nem por isso eram desconhecidos. Sem isso, como o eixo da Grande Pirâmide dividiria exatamente a soma das águas e das terras de "toda a Terra, inclusive as da América e da Oceania?". Como Scylax de Caryandis, que empreendeu uma viagem de circunavegação por ordem de Dario I, Aristóteles, Teofante, em sua *História das Plantas*, e, sobretudo, Himilcar, no final de seu *Périplo*, falariam do Mar de Sargaços em termos extremamente precisos, e sobretudo este último, que como marinheiro dificilmente evitou seus perigos? Como Dante, bem antes do descobrimento da América, pôde falar do *Cruzeiro do Sul* que surge no momento em que se perde de vista a estrela Polar e sua Carruagem?

E não podemos nos esquecer de que Dante e os seus contemporâneos liam Aristóteles ou encontravam nos autores árabes o eco de seus conhecimentos. Também não podemos nos esquecer de que os filósofos antigos não se sentiam desonrados em ouvir a palavra dos iniciados que os tivessem precedido e que possuíam uma ciência extremamente vasta.

As iniciações mediterrâneas se referiam à divindade conhecida sob o nome de Zeus, na Grécia, e Júpiter, em Roma. Ele era a justa lei no céu e na terra, o guardião dos contratos que fazem a vida civilizada. Para agir assim, era preciso que ele pudesse conhecer por si mesmo as diversas fases dessa vida; é necessário que ele concilie em si mesmo as duas tendências opostas, que ele seja o imóvel ponto de junção onde essas tendências se neutralizam. É por isso que Orfeu disse: "Zeus é o esposo divino e a esposa perfeita", entendendo assim que ele é o equilíbrio perfeito entre o ativo e o passivo, o fiel da balança, o centro da roda.

A bacia do mar Mediterrâneo não foi a única a entender as coisas dessa forma. Por toda parte, a influência jupiteriana, que o quadrado, a cruz e o número 4 representam, tem sido sinônimo de Justiça. Na Índia, esse planeta possui o nome de Brihaspati, que contém as ideias de Juiz e de Pontífice celestial. A Cabala judaica o nomeia Tzedek ou "o justo", e seu anjo, Tzadqiel ou "Justiça de Deus".

Assim como é primeiramente necessário resolver os litígios que podem dividir as sociedades humanas, dar-lhes as leis, apaziguar suas querelas, o símbolo da cruz é, podemos dizer, absolutamente universal, pois é o mesmo da Justiça. Como dizíamos, a cruz se encontra em toda parte nos monumentos da América pré-colombiana. As mais antigas construções, como as monolíticas celtas, têm a cruz ou espirais, que são suas variações. Certas cruzes têm sobre os seus braços os atributos dos quatro elementos que correspondem aos quatro pontos cardeais. Uma mão descendente indica o Ar, na parte superior da cruz, atestando que o sopro que nos vem das Forças superiores é o mesmo ar que nos anima. Do lado leste, uma espada indica o Fogo; essa espada é sustentada por uma mão direita. Do lado oeste, um coelho, animal lunar devido à sua fecundidade, representa a água, mãe dos seres. Ao sul, é geralmente uma tartaruga que simboliza a Terra.

Em outros lugares, a cruz desenhada, gravada, esculpida, não se limita a expressar o equilíbrio; ela significa ainda que esse equilíbrio é a origem do movimento que faz agir o céu e a Terra. A cruz está então contida em um círculo e forma uma roda. Em Chalco, cidade bastante santa do Peru, onde se encontram várias centenas de pequenas pirâmides funerárias, um templo possui uma cruz inscrita em um círculo formado pelos braços da cruz. Talvez você nunca tenha visto um tarô para perceber essa imagem do arcano maior do mundo, em que o círculo é formado por uma guirlanda, a cruz substituída por uma jovem e os quatro sóis, pelos signos dos quatro elementos, aos quais correspondem o mais exatamente possível. Essa figura é chamada de *O Mundo* e é, justamente, o mundo e o conjunto de Forças que o dirigem, que são evocados pela cruz assim configurada.

Essa mesma cruz inscrita em um círculo, esse equilíbrio da matéria em movimento, é o que significa também a roda céltica, cujas representações abundam em todos os países do Norte e do Nordeste. Por toda parte, nas tradições dos nossos remotos antepassados, outra figura representa para nós uma ordem primitivamente estabelecida e que é a perfeição, é a ilha santa, dividida em quatro partes iguais, por quatro fossos ou rios e cujo centro é Templo de Luz. Esses quatro rios, sobretudo se são canais, podem nos recordar os rios, escavados pela mão humana, que repartiam os governos da antiga Poséidonis ou Atlântida, cuja cópia Fernando Cortez encontrou no México, como relatam suas cartas a Carlos V. Nesses canais, com dois lances de largura, a água do mar era conduzida tão maravilhosamente, que as marés se sentiam como se estivessem em mar aberto.

Mas essa lembrança, por mais sagrada que ela seja, não implicaria na existência central do Templo iniciático. Então, é necessário que o centro dessa roda, que o oceano cerca com uma borda invisível, seja consagrado a uma Potência mais forte do que todas as Forças, aquela mesma que cria juntos o equilíbrio e movimento. E é o Pensamento Divino, a Vontade Divina, o que os latinos chamavam Júpiter. Também essa ilha desaparecida é o Paraíso perdido, o mesmo que o bíblico Paraíso terrestre, igualmente dividido por quatro rios, que os cientistas racionalistas se cansaram de procurar por séculos, e que não poderiam encontrar no mundo material, já que eles simbolizam não um lugar, mas um estado que infelizmente não estamos muito perto de alcançar.

Isso tudo nos demonstra que a cruz, assim compreendida, indica a paz, a alegria, o imortal devir, e que a Igreja, adotando ou recuperando, durante séculos, sempre as manifestações religiosas que lhe parecem boas e judiciosas para enquadrar com seu ensinamento, nunca temeu utilizar essas formas de cruzes sobre os túmulos.

Todos aqueles que conhecem a Astrologia, lembrarão facilmente que a roda é utilizada como símbolo da *fortuna*, ou seja, o lugar do céu onde se colocam as possibilidades de ganho material ou moral. Ora, se pegarmos o simbolismo alquímico, veremos que o círculo dividido representa o vegetal, ou seja, a forma da vida que, crescendo e se reproduzindo mais feliz e livremente do que o mineral, tem como lei a polaridade, o que é ainda uma forma de equilíbrio e uma das mais harmoniosas, dado que ela governa também o magnetismo. Assim, a fortuna montada sobre uma roda não é mais uma deusa caprichosa guiada apenas pelo acaso, mas uma força natural dirigida por leis, as mesmas leis da harmonia universal da qual o Acaso é rigorosamente excluído.

Longe de a cruz ter sido para os que nos precederam um emblema de dor ou de perigo, ela era, pelo contrário, o emblema de felicidade. Entre todas essas formas de cruz; a cruz ansata do Egito é aquela que melhor exprime o contato das energias masculinas e femininas. Os espíritos materiais podem ver nela uma expressão quase brutal dessa realidade, mas, se queremos estudá-la com a perspectiva de adepto, podemos ver nesse signo a descida do espírito na matéria, que é também uma forma sublime da fecundação. Coisa singular, essa mesma indicação se encontra nas cruzes cristãs copiadas daquela que Constantino fez esculpir para substituir os símbolos pagãos sobre as insígnias romanas. A maior parte desses símbolos representa uma estrela de seis pontas, imagem também do equilíbrio.

Os monumentos pré-colombianos parecem também penetrados por essa verdade, dado que a roda de Chalco possuía um nome inca, que os conquistadores espanhóis traduziram por *El Hueco de La Boca*, a parte côncava ou a abertura da boca. Se a roda é a imagem do movimento, aquilo que vem da boca só pode ser a respiração ou a Palavra. Para os iniciados da época, como para os de hoje, tudo provém do Verbo; tudo foi moldado pela palavra, tudo foi revelado por um pensamento divino, pois, como disse Salomão: "Deus fez todas as coisas de acordo com a medida, o peso e o número". Isso também significa que a cruz ansata colocada na mão dos deuses egípcios é o sinal da Vida, da Vida que nos é proveniente do alto e que deve retornar ao alto quando o homem souber devolver à origem sagrada a centelha que ele recebeu.

Essa mesma noção de alegria e de equilíbrio, de paz na obediência alegremente consentida, nós reconhecemos no Tau, que foi também uma das formas da cruz. No tarô, essa letra é o símbolo do cumprimento, da realização, da sorte por consequência, se quisermos nos ater aos benefícios sociais.

O que faz, para muitos, com que a cruz apresente ideias de tristeza e de penitência, é que ela foi o instrumento da morte do fundador do Cristianismo. Ora, na Antiguidade o suplício da cruz era destinado aos escravos fugitivos, aos que tinham transgredido a hierarquia social, e é de lá que é proveniente sua característica infame. Em seguida, esse suplício foi infligido sem levar em conta esse simbolismo. Mas de acordo com as concepções teológicas dessa tradição, convinha que Cristo, ao tomar para ele nossas faltas, as faltas da coletividade humana em relação ao plano divino, se submetesse a esse suplício, que correspondia à falta que ele não tinha cometido, mas que então aceitou, como Verbo, suportar o peso e a dor.

O quadrado, como dissemos mais acima, é uma forma de cruz. Como ela, ele apresenta quatro ângulos retos, mas dispostos diferentemente. Com efeito, seu simbolismo é de ordem hierárquica, não é mais aquele da harmonia responsável e voluntariamente aceita. É, ao contrário, o sinal da coerção. Não pode existir lei que não apresente uma sanção, sem a qual essa lei seria inoperante. É necessário, por conseguinte, que o poder manifesto tenha também algum rigor contra os que infringirem a ordem. É a esse rigor necessário que corresponde o simbolismo do quadrado.

É impossível sabermos se a astrologia precede o simbolismo ou o contrário. Contudo, é necessário observar que, na linguagem astrológica, o quadrado inscrito no tema, e que apresenta uma distância de

90 graus ou a metade quadrada de 45 graus ou o sextil quadrado, que é 135, ou seja, 90 + 45, são aspectos desastrosos ou que, em todo caso, colocam o assunto do tema em circunstâncias difíceis e violentas.

A rosa

"O coração dos cristãos repousa sobre rosas quando ele está exatamente sob a Cruz" (Martin Lüther).

O Romance da Rosa é uma obra poética de 22.000 versos, seguindo a forma de um sonho alegórico. Foi escrito em dois tempos: Guillaume de Lorris escreveu a primeira parte, em 1237, depois a obra foi completada por Jean de Meung (ou de Meun), como afirma Clopinel, entre 1275 e 1280. Este livro é considerado como uma obra simbólica de primeira importância.

Como escreveu Régine Pernoud: "Ele [*O Romance da Rosa*] ocupa todo o século XIII, e resume os séculos anteriores e aqueles que se inspirarão nele até a Renascença e além dela".

A sua influência foi igual, se não superior, àquela da *Divina Comédia*, de Dante.

O tema é simples: em um jardim repleto de flores e de pássaros, o *Jardim do Amor*, o amante penetra em sonho. Ali, ele descobre de repente a Rosa. Enquanto, caído em êxtase, ele a contempla, uma flecha o atinge e, penetrando pelo olho, crava-se em seu coração. Doravante, o amante não viverá mais do que na esperança de colher a Rosa e, para consegui-lo, declara-se vassalo do Amor. Sobre esse tema, Guillaume de Lorris bordou uma combinação de alegorias que nos parecem, agora, singularmente monótonas. Os "personagens" não são mais do que abstrações, como Bel-Accueil (Boas-vindas), Malebouche (Maledicência), Franchise (Franqueza), Pitié (Piedade), Danger (Perigo), etc.

Por que o Romance não foi terminado pelo seu primeiro autor? Ninguém sabe!

Mas, 40 anos depois, Jean de Meung retomou o trabalho e lhe deu uma sequência. Se a forma poética não muda quase nada, o espírito é profundamente diferente. As abstrações continuam a evoluir como sombras, mas Clopinel expõe as suas ideias pessoais e sua concepção do mundo. O Romance se torna uma espécie de enciclopédia versificada, um *speculum mundi* de uma estranha audácia. De fato, bem mais que às *Escrituras* e à revelação cristã, Jean de Meung, refere-se à razão e à natureza. É resolutamente anticlerical e colore o seu pseudocristianismo com uma sabedoria pagã vizinha, quer dos Estoicos, quer de Lucrécia. E é provavelmente o que explica o seu duradouro sucesso.

O que significa a Rosa em seu romance? Um crítico racionalista responderia: a mulher amada.

Permita-nos ir mais adiante, a fim de extrair a "*substantifique moelle*", como disse Rabelais que, precisamente, foi um discípulo remoto de Clopinel. Antes de tudo, retornemos ao pouco que sabemos sobre a personalidade de Jean de Meung. Esse fértil autor, para não dizer prolixo, deixou outras obras... que são tratados de Alquimia. Citemos, por exemplo, *Chave da Sapiência da Arte da Alquimia, Espelho da Alquimia* e *Lamento da Natureza ao Alquimista Errante*.

Clopinel era um *filósofo da Unidade*. Podemos então estar quase certos de que a sua obra mestra seja igualmente um tratado de alquimia. Como escreveu Eliphas Lévi: "O *Romance da Rosa* é o poema épico da antiga França. É uma obra profunda, sob uma parte externa trivial; é uma exposição dos mistérios do esoterismo, tão erudita quanto a de Apuleio. A Rosa de Nicolas Flamel, a de Jean de Meung e a de Dante, floresceram sob a mesma árvore".

Em seu *Simbolismo na arte religiosa*, René Gilles nos diz: "Se, nessa obra alquímica [*O Romance da Rosa*], a Alquimia está oculta sob a ficção floreada, podemos ler igualmente o processo do desenvolvimento pessoal e da purificação de nosso ser, que é uma alquimia espiritual o que, em nós, é o baixo e mau, se transformando pelo trabalho mental em valores puros, como se opera no atanor, a transformação do Enxofre, do Mercúrio, do Azoto e do Sal [...]. Tendo nove pétalas, a rosa é um símbolo da alta iniciação. Ela evoca raros seres que adquiriram pelo estudo e meditação o domínio completo sobre a natureza elementar, a potência suprema sobre a natureza naturada. É a flor que Dante escolheu para representar o paraíso, e cada uma das suas pétalas contém um grupo de almas libertadas dos renascimentos terrestres, aos quais a divina luz é distribuída de acordo com o que elas podem absorver".

Assim, a obra de Clopinel é uma variação temática sobre esse símbolo universal que transcende os séculos e as latitudes. Iremos encontrá-la, igualmente, no misticismo judaico, no Budismo, no hermetismo ocidental ou no esoterismo muçulmano.

Foi talvez Angelus Silesius quem lhe deu a expressão mais compreensível: "A Rosa é a minha alma; o espinho, os desejos da carne; a primavera, o favor de Deus; a sua cólera é o frio e o gelo; sua floração é fazer o bem, desprezar o espinho, sua carne, se ornar de virtude e aspirar ao Céu. Se ela sabe conhecer o momento de florescer enquanto durar a primavera, ela será eleita a Rosa de Deus por toda a eternidade".

Dante, no 30º canto do Paraíso, faz da rosa mística a imagem e o reflexo da comunhão dos santos, daquilo que certos místicos chamam de a Igreja interior: "Na sua altura não é mais que em sua amplitude, meus olhos não se perdem, mas desse contentamento abrangiam por inteiro a massa e o valor. Lá, estar perto ou longe não subtrai ou não adiciona; onde Deus governa imediatamente, as leis da natureza não atuam. No coração de ouro da rosa eterna que se exalta e se dilata e exala um perfume de louvor ao sol da eterna primavera!".

Uma invocação da liturgia romana qualifica a Santa Virgem de *Rosa Mística*. Ela é prefigurada pela noiva do *Cântico dos Cânticos*, que se apresenta assim: "Eu sou a rosa de Sharon e o lírio dos vales" (Cant. 11-1).

Inúmeros são os comentários no *Cântico dos Cânticos*. Só falaremos de um deles, o de Shir-ah-Shirim Rabba: "Um rei tinha um jardim que ele transforma em pomar... Ele o entrega aos cuidados de um jardineiro de sua confiança. Um dia, o rei vai visitar o seu jardim. Mas a desolação, a dor... ele o encontra invadido por espinhos e ervas daninhas. Em sua irritação, ia destruir tudo quando descobre uma rosa brilhante e perfumada. Ele a colhe, a contempla, inspira o seu perfume e se acalma. Vamos, diz ele, pouparei o meu jardim em consideração a esta única rosa...".

Procurando o sentido do símbolo, descobrimos que o rei é o Eterno; o jardim, o cosmos; os espinhos, a prevaricação edênica e a rosa, a Comunidade da Israel Mística, em outros lugares chamada, como dissemos, de a *Igreja Interior* ou *Comunhão dos Santos*. Essa comunidade deve santificar o mundo profano, uma vez que está dito: "Tal a rosa entre os espinhos, tal é minha bem-amada no meio de outras virgens".

O *Zohar* esclarece: "Assim como a Rosa é branca ou vermelha, do mesmo modo o povo eleito sofre o rigor ou a clemência de Deus".

Mas já está na hora de você se interrogar sobre as diversas associações dos símbolos. Portanto, o que nos ensina a Rosa quando ela é posta sobre a Cruz? O que significa o Pentáculo da Rosa-Cruz? Certamente, não se trata de explicar, de demonstrar, mas de orientar o espírito. Devemos recordar que, por sua própria essência, um símbolo não é explicável. Não é um enigma, uma "adivinhação" que se trata de descobrir, mas uma relação suprassensível entre o numenal e o fenomenal, entre os mundos visível e invisível, entre o Uno e o múltiplo.

Aqui, é interessante citar três autores, que também trabalharam na tradição:

Primeiro, no livro *Via Iniciática,* Serge Constantinovitch Marcotoune escreveu: "A Rosa do pentáculo representa a sabedoria positiva que o iniciado pratica. Esse não é o resultado de uma instrução ou de uma filosofia aprofundada, é a experiência de uma série de atos cometidos (frequentemente em um movimento espontâneo do coração) para ajudar os outros e fazer evoluir a sua alma.

Essa sabedoria penetra a alma do iniciado, o mantém sempre alerta, em estado de entender e de ver de acordo com o Evangelho, de vibrar com dinamismo e audácia. A compaixão para cada criatura impregna a sua alma com o espírito universal".

E na *História dos Rosa-Cruz*, de Sédir, lemos: "A Rosa-Cruz personificava para os iniciados a ideia divina da manifestação da Vida pelos dois termos que compõem esse emblema; o primeiro, a Rosa, é o símbolo mais perfeito da unidade vivente; primeiro, porque essa flor, múltipla em sua unidade, apresenta a forma esférica, símbolo do Infinito; em segundo lugar, porque o perfume que ela exala é como uma revelação da Vida universal. Essa Rosa foi colocada no centro de uma Cruz, porque em última análise ela exprime a ideia da retidão e do infinito...".

Um adepto do século XVII, Michael Maier, confia-nos, assim, uma "chave" da Grande Obra: "É o sangue de Cristo que, escorrendo do pé de Vênus, nos seus jardins plantados de roseiras, avermelha as rosas que anteriormente eram brancas".

Rainer Maria Rilke morreu de uma espetada de rosa. Um pressentimento incluído em sua obra o tinha feito compor este epitáfio: *Rosa, ó contradição pura, volúpia de não ser o sono de ninguém sob tantas pálpebras.*

A Rosa-Cruz

Um dos antigos símbolos da Rosa-Cruz é uma cruz latina inserida no coração de uma rosa. Ela foi e pode ser interpretada de várias formas. Para o artista, ela é o Divino que é possível se buscar por meio da beleza, mesmo com formas um pouco pagãs. Para o esteta, ela significa que é permitido obter sua salvação na alegria.

A Rosa-Cruz quer dizer muito mais, sem o que, seria inútil confiar ao simbolismo o cuidado de exprimir as verdades também conhecidas. Sim, é possível obter sua salvação na alegria e no amor. Basta ler os escritos dos grandes místicos para ver que eles compartilhavam de uma opinião franciscana *que um santo triste é um triste santo*. Apenas esta alegria, que pode levar ao êxtase, não tem nada em comum com o prazer desordenado e simplesmente animal, como dizia Platão. Certamente, essas duas palavras são frequentemente confundidas. A verdadeira alegria do iniciado, como a do santo, consiste em sua união plena com o plano do mundo. É isso o que exprime a roda céltica. A rosa somente adiciona a esse ensinamento uma forma de beleza maior, e essa beleza é completamente interior.

A rosa não é somente a flor do amor. Ela é a flor iniciática por excelência. Não é com um sentimento diferente que Dante nos apresentou seu Paraíso sob a forma de uma rosa de luz. Ela também é uma representação da roda, e a cruz está no seu centro. Cada um dos espíritos que a compõe está no lugar que lhe foi atribuído, ninguém procura intrometer-se no lugar do outro: ninguém procura recusar o julgamento que o colocou aqui ou ali. Todos estão felizes de acordo com suas possibilidades e com seus dons. Estão felizes em realizar a vontade suprema. Entendem e contemplam os que eles têm desejado e merecido. O que mais é necessário a eles? Cada um possui da beatitude o que pode assimilar à sua potência. Talvez, se ele possuísse mais, não pudesse compreendê-la.

Do mesmo modo, a Rosa-Cruz sempre teve intenção de fazer os seus adeptos trabalharem no conhecimento do mundo e nos ritmos que o compõem; é por isso que um grande número de seus adeptos foram alquimistas, que obtiveram resultados maravilhosos no domínio da transmutação. Muitos outros se devotaram à medicina espagírica, cujo segredo consiste em pedir às plantas e aos metais, não uma ação rápida e brutal, mas um ritmo que altere a vida do paciente e o coloque mais em harmonia com as Leis soberanas que são a vida e a saúde.

As tradições antigas, em relação a estes aspectos, são controversas, não convergem, mas é necessário irmos procurar onde elas convergem, e é o que não quer fazer a presunçosa ciência moderna, que pensa ter inventado tudo, enquanto que, em seu desejo de colocar tudo em sua medida, ela tem na maior parte do tempo regredido, em comparação com as grandes épocas, em que a filosofia, a iniciação e a ciência formavam a mais harmoniosa e indissolúvel trindade. É interessante finalizar essa abordagem simbólica dizendo que na tradição ocidental, e mais especificamente hermética, tal qual Ordens prestigiosas como a Ordem Cabalística da Rosa-Cruz e a Ordo Aurum Solis, o estudo simbólico permanece o fundamento por uma prática ritual. É interiormente que podemos aceder ao verdadeiro sentido do símbolo, à contemplação, e isso poderá ser feito por meio das obras teúrgicas, em outras palavras, a obra divina que executamos segundo os antigos ensinamentos.

As Práticas

A visualização criativa

A abordagem simbólica

A dimensão propriamente simbólica ultrapassa e amplia o estudo teórico. Não são isolados, pois a reflexão deve servir de base ao simbolismo. A reflexão constitui a passagem da razão à imaginação, germe de seus desenvolvimentos futuros. É conveniente notar que deve ser diferenciada da imaginação.

A imaginação fundamenta-se na composição de elementos presentes em nosso espírito, a fim de enriquecer nossa vida. Nesse caso, ela se assemelha à invenção, que permite nos adaptar às situações encontradas. Ela nos ajuda a antecipar nossas ações, a fim de mensurar as eventuais consequências. Sobre outro plano, ela é fonte de ilusões, de fantasmas e de fantasias. Ela é uma dimensão do espírito, que deve ser disciplinada pela meditação e pela técnica que vamos descrever mais adiante, que é a visualização. Para resumirmos, poderíamos dizer que a imaginação é uma parte naturalmente incontrolada de nosso psiquismo. Não há dúvida de que o estudo teórico é uma ferramenta extremamente preciosa, que evita que sejamos seduzidos por esse humor vagabundo.

Quanto ao imaginário, ele é uma abertura de nosso espírito para as dimensões superiores. Essa faculdade se enraíza nos símbolos esotéricos dos arcanos e nos mitos que a eles se associam. Como explicava Jung, nosso inconsciente não é fechado sobre si mesmo. Ele é aberto a uma dimensão interindividual, superior, na qual os símbolos universais são compartilhados por toda a humanidade. O fato de encontrar mitos notavelmente idênticos em cada uma das culturas é uma das consequências. Os símbolos presentes em cada arcano são, portanto, destinados a estabelecer uma ponte entre nosso psiquismo e essa dimensão que nos ultrapassa e na qual buscamos inconscientemente.

A meditação

A meditação à qual fazemos alusão aqui é proveniente da técnica ocidental. Não se trata propriamente de produzir o vazio em nosso espírito. É uma questão de distanciar os pensamentos parasitas e de controlar nosso psiquismo, para manter nele somente o que é solicitado. Mas não reduzamos a visualização, da qual falaremos mais adiante, a uma simples concentração. Este é exatamente o ponto de partida da técnica. O processo meditativo, por sua vez, visa integrar o símbolo, dando-lhe vida, a fim de compreender seu significado e seu valor, sem passar pelo intelecto. A meditação pode ser utilizada de várias maneiras:

1. Em um primeiro momento, é uma questão de representar mentalmente para si diversas cenas específicas. Nós dirigimos nossos esforços para obter um tipo de animação mental. Nossa memória será então solicitada, a fim de estabelecer os pontos de referência essenciais do cenário. Sabemos que a memória tornou-se uma faculdade cada vez menos solicitada. Além disso, ela difere enormemente de acordo com cada pessoa. Se ela representa alguma dificuldade para você, não se deverá fazer disso um obstáculo desvantajoso. Não é necessário reter de cor os detalhes de cada uma das cenas, como se quiséssemos realizar um exame. Nossa prática regular lhe permitirá se concentrar naturalmente no decorrer de nosso trabalho.

2. Em um segundo momento, a visualização será animada interiormente. O objetivo será que você se coloque no interior da cena, deixando de ser um observador para se tornar um ator. O símbolo se tornará a porta que se abre para outro mundo. Você aprenderá a atravessar esse limiar e a se deslocar nessa nova dimensão, para a descoberta do outro lado do espelho. É dessa maneira que seu aprendizado transcenderá o plano psíquico, conduzindo-o de uma simples representação mental a uma real viagem psíquica plenamente vivida. Você começará a, de fato, controlar as técnicas de visualização que nós podemos encontrar dentro de diversas ferramentas da tradição, como o Tarô. É útil deixar claro que devemos distinguir a projeção e o desdobramento. Neste, o corpo astral, parte invisível do nosso ser, deixa o corpo físico para viajar no outro plano. Ele abandona literalmente o corpo, que se encontrará então dormindo profundamente ou inconsciente. A projeção, por sua vez, é apenas o desdobramento consciente das camadas mais altas de nossos corpos invisíveis, o que não implica na perda de consciência.[7]

3. Em um terceiro momento, por último, a meditação implicará em uma modificação da sua realidade. Depois de você representar o

---

[7]. Você poderá obter uma análise mais precisa desses fenômenos no meu livro: *ABC de l'Aura*, Éditions Grancher, Paris.

símbolo ser deslocado ao seu interior, você fará dele uma parte de você. É nessa etapa que a energia deste poderá ser conscientemente utilizada. Você poderá fazer apelo ao poder simbólico desse símbolo e utilizá-lo em sua vida, em seu ambiente, de tal maneira que sua vontade dirija essa ação sobre o mundo exterior. Trata-se, exatamente, de uma consequência do seu trabalho interior sobre a realidade sensível na qual você vive.

Essa prática avançada implica em técnicas e em ritos provenientes essencialmente da tradição oral. Eles permitirão que você integre, de forma mais ativa e eficaz, esses mundos poderosos e fantásticos. Pela utilização dos símbolos e dos mitos, sua personalidade será revelada e realizada.

O ritual

O ritual não deve ser considerado como uma etapa suplementar às práticas apresentadas mais acima. Ele é uma prática que associa todos os aspectos sobre os quais acabamos de falar, utilizando a visualização como vetor de energia. Nós podemos então agir com mais força, impacto e eficácia. Mas é importante dizer algumas palavras suplementares sobre a natureza exata e o papel de um rito.

Cada conjunto de símbolos, assim como suas correspondências, é utilizado no seio de práticas e de exercícios estruturados, que envolvem cada uma das dimensões do ser. Isso é o que chamamos de um rito. Vemos que não se trata, como talvez pudéssemos ter acreditado, de uma abordagem religiosa. Mas o rito não se limita a sua dimensão visível. Ele é uma representação exterior de uma operação interior. Na meditação, tudo o que era realizado o era discretamente e quase exclusivamente no plano mental. Nós nos imaginávamos agindo, nos deslocando, falando, etc. É a partir dessa realidade mental que a realidade sensível será modificada. O rito poderia ser considerado, em um primeiro momento, como uma ajuda. Cada um dos símbolos e dos elementos que são utilizados nesse tipo de atuação visa a fornecer uma representação sensível, uma existência à representação mental que nós tínhamos criado preliminarmente. Essa atuação fica mais eficaz na medida em que ela dá sequência a um trabalho interior. Por meio dessa interação, entre o interior e o exterior, deve-se aprofundar o conhecimento e transformação de si mesmo.

Contudo, não devemos rejeitar o fato de que os símbolos utilizados no seio do rito têm uma eficácia clara. Seu poder não depende inteiramente de nós. Certamente, o essencial de sua ação situa-se no centro de nosso psiquismo, mas eles possuem igualmente uma verdadeira eficiência, ligada à sua elaboração, sua forma, sua ação, etc.

Tomemos dois exemplos para explicar isso:

Se utilizarmos um perfume específico no momento de um ritual, esse odor agirá sobre nossa sensibilidade e nosso psiquismo. Mas, ao mesmo tempo, todo mundo poderia senti-lo e ser tocado por seu poder. O perfume não é neutro. Ele possui virtudes reais.

Outro exemplo é aquele dos gestos ritualísticos. Se realizarmos este ou aquele movimento, todo nosso corpo sentirá a natureza do que se emite. Esse movimento recorrerá às sensações particulares, capazes de evocar os elementos exatos no interior de nossa estrutura corporal. Damo-nos conta de que envolvemos plenamente o físico para alcançar os resultados nas esferas psíquicas e invisíveis.

A visualização criativa

A visualização é um fenômeno absolutamente natural. Ela procede da imaginação. Nós a utilizamos ao longo de toda a jornada, sem que realmente percebamos. Muitas vezes, nosso espírito passeia, vai de uma ideia a outra sem conseguir nos fixar em um pensamento particular ou alcançar o vazio. Basta observar-se por alguns instantes, para se dar conta de que nosso pensamento é indisciplinado e que dificilmente chegamos a nos concentrar em um único objetivo. E quando conseguimos, frequentemente é em ideias negativas. Aliás, elas se constituem totalmente sozinhas em nossa consciência. Será necessário dizer que, neste caso, essas ideias não foram escolhidas ou dominadas? Devemos reconhecer que isso pode ser da mesma maneira para aquelas que são positivas, ainda que muitas vezes isso não ocorra de uma maneira espontânea.

A fim de compreender o que vai acontecer, devemos reconhecer a existência de um processo natural: nosso psiquismo influencia nosso corpo e nossa vida.

Numerosos são os testemunhos dessa relação em nossa vida. A manifestação mais frequente relaciona-se ao corpo físico. Esse pode ser objeto de sintomas particulares que revelam uma somatização, que encontra sua origem no psiquismo. Uma baixa do moral pode se traduzir por uma fadiga nervosa, um estresse, em enxaquecas ou em insônias. As preocupações mais importantes são capazes de desencadear problemas de pele, disfunções digestivas, etc. Tudo isso é extremamente comum. Nem sempre fazemos a relação que indicamos aqui e que revela a influência considerável de nosso espírito. O vínculo com a visualização poderia não aparecer imediatamente. Ou, quando definimos sua natureza, nós nos damos conta da imensa importância que podemos obter com seu controle. Ela consiste em estabelecer um objetivo à nossa consciência e mobilizar nosso espírito, nosso desejo e nossa vontade nessa mesma direção. Como vimos, trata-se de um processo natural e imediato. Nesse caso, entretanto, ele é descontrolado e, de certa maneira, nós somos as vítimas de uma visualização espontânea.

A técnica da visualização criativa constitui uma parte importante de nossa prática e seu domínio é essencial. Vamos dar as indicações fundamentais que permitirão que você a utilize de maneira eficaz. O aprendizado completo da visualização não é, portanto, requerido no início da busca.

As possibilidades e os benefícios da visualização criativa são numerosos. Ela nos permite dominar nossa existência, concentrar-nos melhor, canalizar nossa energia em uma direção particular. Trata-se de aprender a controlar nosso espírito.

Nós nos estabelecemos um objetivo que ativamos pela energia do desejo, e então o submetemos à vontade e agimos consequentemente. Dessa maneira, o conjunto do nosso ser, consciente e inconsciente, é mobilizado em uma mesma direção.

O primeiro passo é o da concentração. É uma questão de ser capaz de se concentrar por alguns instantes em uma imagem particular, a fim de fixá-la em nós, não somente em sua totalidade, mas em cada um de seus detalhes. Até esse ponto, poderíamos dizer que esse processo é idêntico ao da imaginação. Entretanto, a visualização não tem somente como objetivo fixar exatamente uma imagem em nosso mental, mas igualmente o de ativar os símbolos presentes na representação que está diante de nós. Convém lembrar que os elementos simbólicos também estão presentes no interior de nosso inconsciente. A visualização, ao ativar esses elementos que se encontram nos arcanos, irá estabelecer uma correspondência e um vínculo efetivo entre nosso inconsciente e a carta. Dessa maneira, o trabalho não será exterior a nós. Ele irá colocar em movimento nosso mundo interior de uma maneira coerente, precisa e eficaz.

Em um primeiro momento, devemos tentar observar um símbolo com curiosidade. É necessário que estejamos atentos tanto ao aspecto estético, quanto ao conjunto de detalhes. Tenhamos a curiosidade de observar cada um dos seus aspectos, de distinguir as cores, os pequenos detalhes, etc. Tudo isso, a fim de suscitar essa curiosidade. Ela é um dos elementos fundamentais de nosso aprendizado. É por esse motor que nossa memória poderá conservar com precisão o conjunto do mapa. Mas é conveniente não intelectualizar inutilmente. Nosso raciocínio deve ser deixado de lado. Devemos apenas nos impregnar daquilo que vemos. É evidente que nossos olhos estarão abertos nesse instante. É preciso reter que a base da visualização é a observação e a curiosidade.

A etapa seguinte será a representação mental daquilo que vimos e observamos. Será conveniente fechar os olhos e recriar mentalmente o que acabamos de observar. Não acreditamos que esse processo seja difícil. Ele constitui um aspecto natural da vida cotidiana. Não é espontâneo pensar em um amigo distante, em um lugar que conhecemos? É o mesmo que acontece aqui. É claro que em um primeiro momento, nossa visão permanecerá global e teremos algumas dificuldades em visualizar com precisão os diferentes detalhes daquilo que nós observamos. Isso não é grave e manifesta um processo normal. A visualização deve de fato se iniciar de uma maneira ou de outra.

A etapa seguinte consiste em utilizar o relaxamento e uma narrativa simbólica, ou uma descrição que completará pouco a pouco a nossa imagem mental.

Atenção! É conveniente não se estressar mentalmente.

A visualização deve permanecer dinâmica. Ela não deve paralisá-lo. É conveniente que ela se integre à sua respiração, que ela se torne um movimento natural. É por essa razão que o aconselhamos associar as descrições mais completas a um relaxamento, e que você a pratique sentado ou deitado. Você poderá gravar em uma fita cassete a descrição do mapa, para ouvi-la durante o seu relaxamento. Poderá também pedir a ajuda de alguém que lerá essa descrição enquanto você estiver relaxado.

Não é necessário manter a intensidade dessa visualização por um tempo muito longo. É uma atitude que se integrará em você gradativamente. É muito mais interessante estar concentrado, atento e curioso durante alguns instantes antes de procurar prolongar essa situação de altos e baixos.

Da evocação à invocação

É importante que você estabeleça uma diferença entre esses dois termos. A evocação também deve ser considerada como um processo mental proveniente de nossa imaginação, que não recorre diretamente às inteligências exteriores a nós. Trata-se de utilizar de maneira consciente os processos sobre os quais acabamos de falar na visualização e na imaginação criativa. Quando evocamos, em uma conversa, uma cena que já tenhamos vivido, nós procuramos torná-la o mais presente ao nosso interlocutor. Ela faz parte de nós e é por isso que começamos em um primeiro momento evocando essa lembrança em nosso espírito, antes de fixá-la rapidamente, de torná-la uma realidade efetiva. Nós nos referimos então a uma realidade passada. Não há nenhuma dúvida sobre a natureza dessa ideia. Quando, em uma conversa, transmitimos essa lembrança a um terceiro, nós lhe fazemos uma descrição dessa cena, a fim de que, para ele ou ela, se torne uma realidade interior tão forte quanto a nossa.

As técnicas de hipnose estão fundamentadas sobre esse fenômeno. O objetivo é, nesse caso, o de provocar um sono real, pela evocação de sensações que a ele se associem. O que nós evocamos torna-se então uma realidade para aquele que recebe a informação. Evidentemente, não é uma questão de reviver por si mesmo o que é evocado, quando devemos transmiti-lo a um terceiro. Imaginemos o que isso ocasionaria no fenômeno da hipnose. O hipnotizador adormeceria antes do hipnotizado... Portanto, o processo de evocação consiste em tornar real um elemento interior ao mesmo tempo para si e para aquele ao qual nos dirigimos. Sem dúvida que a capacidade de convicção, a força de caráter, a intensidade da voz, a atitude corporal, a concentração e muitos outros fatores entram em jogo.

No trabalho em grupo, a evocação é igualmente utilizada de uma maneira que poderia ser comparada à da hipnose. Entretanto, o objetivo não é de colocar os participantes em um estado em que sua consciência seja submetida ao diretor da sessão de trabalho. Trata-se simplesmente, para o operador, utilizar sua arte de evocação, a fim de dar vida a esse mundo dos símbolos no psiquismo dos participantes. É claro que as qualidades pessoais são fundamentais. As habilidades de evocação são uma garantia da densidade e da precisão da manifestação do arcano no psiquismo dos participantes do trabalho. Deve-se notar que certas técnicas fazem realmente apelo a um tipo de percurso em grupo no interior desses mundos. Alguns elementos adicionados durante o trabalho, tais como sons, perfumes, etc., fornecem em momentos definidos os componentes suplementares capazes de reforçar essa evocação. Trata-se então de alguns aspectos que são comumente utilizados em diversos treinamentos organizados.

Quando essa realidade tiver sido percebida e integrada, o participante poderá evocar essa dimensão muito mais facilmente no interior de seu psiquismo e, portanto, utilizar de forma mais ampla as potencialidades do jogo. Não nos esqueçamos do objetivo desse trabalho. Trata-se de dar vida a uma representação simbólica no interior de nosso ser.

Nós trabalhamos aqui em outro objetivo, mais ou menos complementar: ajudá-lo a entrar no mundo espiritual, graças a um processo tradicional de iniciação. Certamente, alguns poderiam observar que nós não podemos receber essa iniciação sem contato direto, e isso é em parte verdade. Quando falamos de iniciação, nós integramos outra dimensão, que é aquela da ação real, da transformação de si e de um engajamento interior. Mas não acreditamos que se trata de se tornar diferente daquilo que somos. Nietzsche disse: "Torna-te quem tu és". Devemos fazer desabrochar em nós nossas qualidades, nossos dons, nossas forças, fazer brilhar o que até então estava sufocado. Mas nessa perspectiva verdadeiramente iniciática, a evocação da qual acabamos de falar não é suficiente. É conveniente utilizar outra dimensão, mais ativa e dinâmica: a invocação.

Esta última faz explicitamente apelo a uma dimensão exterior à nossa consciência e à nossa realidade. A invocação consiste em utilizar a lei das correspondências e das simpatias para concentrar em um dado momento, em nós e em torno de nós, o caráter e o poder do arcano. Trata-se da invocação de efetuar um verdadeiro rito, nem que ele seja simples e desprovido de artifício. Para compreender o funcionamento da invocação é suficiente considerar qualquer um dos seus aspectos. Evidentemente, é mais simples analisar aqueles que têm impacto direto sobre nosso psiquismo. Peguemos o exemplo pouco conhecido dos gestos. Se nós não vamos além de uma simples evocação vinculada ao imaginário, nossa prática será limitada ao nosso potencial mental. Não resta dúvida de que esse possa ser potente. Mas ele está vinculado a um trabalho regular e às capacidades de concentração que nem todo mundo possui necessariamente. Para que um símbolo se torne realidade interior, diferentes técnicas serão desenvolvidas. Elas terão, entre outras, a faculdade de intensificar essa dimensão. É o caso dos gestos sobre os quais já falamos.

A tradição oral fixou esses elementos para completar o trabalho de base. Um gesto jamais é neutro. Sabermos combinar uma posição ou um gesto é significativo. É o mesmo que acontece aqui. Ele está perfeitamente codificado, definido e destinado a agir sobre as partes particulares do seu corpo. O gesto repetido implica em uma atmosfera particular; impregnado pelo mapa correspondente, ele irá induzir um estado particular. Com este, as partes profundas do nosso psiquismo serão colocadas em movimento, oferecendo-nos de maneira indireta os elementos do conhecimento do arcano que estudamos. Vemos por esse simples exemplo a importante diferença que existe entre a invocação e a evocação. Podemos entender que o impacto é mais importante na medida em que os elementos se adicionam uns aos outros, os gestos, as cores, os sons, etc. Mas a invocação não se limita a essas camadas profundas de nosso ser. Como já demonstramos, cada um dos mapas corresponde igualmente a uma potência do cosmos, do mundo invisível exterior a nós. Que essas energias sejam anteriores ao jogo e tenham ditado sua aparição, ou que elas surjam em seguida, o resultado é o mesmo. Existe uma realidade exterior e a invocação vai permitir estabelecer um vínculo eficaz entre nosso inconsciente e essa dimensão invisível à qual nós fazemos apelo. Os planos dos quais falamos, e que explicaremos de maneira mais clara na abordagem cabalística, são suscetíveis de serem contatados pela utilização de palavras que a eles correspondam. Assim, nós poderíamos dizer que a invocação é uma abordagem teúrgica. Como podemos constatar, ela age sobre uma dimensão invisível, utilizando as chaves. Você aprenderá nos capítulos seguintes a utilizar os ritos para atingir esse fim. Por sua prática, você será capaz de iniciar um verdadeiro processo iniciático. Da mesma maneira que na evocação, um trabalho em grupo pode ser executado. Ele é ou a retomada de uma prática individual adaptada a um número maior de participantes, ou um desenvolvimento mais preciso sob a condução de alguém que já tenha domínio desses elementos. Neste caso, a presença de vários participantes reforça o poder da invocação. Entretanto, nós o aconselhamos a permanecer em uma prática individual, enquanto você não tiver integrado e adquirido plenamente esse tipo de técnica. Não nos esqueçamos de que a simples habilidade evocatória já é de uma importância considerável. É conveniente não conduzir participantes, então passivos, em uma direção que não seria verdadeiramente aquela do arcano. O resultado seria então diferente daquele que é visado. É melhor, portanto, seguir a totalidade do processo, antes de contemplar a possibilidade de um trabalho em grupo.

A arte da meditação

Agora vamos começar a estudar o que chamamos a *arte da meditação*. A primeira pergunta que poderíamos fazer sobre o assunto seria: "Como o homem chega a experimentar a necessidade de meditar?". Para responder a essa pergunta, é necessário admitir que a evolução do homem não está condicionada somente pelo tempo e pelo espaço. É necessário considerar que o homem é uma entidade que vive simultaneamente em diferentes planos. Chega um momento na evolução do homem em que ele tem o pressentimento de que existe outra realidade, para além daquela que é percebida por intermédio de seus sentidos, ao mesmo tempo interna e supraterrena. Chegando a essa etapa de seu desenvolvimento, o homem se encontra diante de si mesmo. Esse é o momento em que um desejo de conhecimento e de equilíbrio lhe surge. O apelo à Meditação corresponde, portanto, a uma necessidade de evolução, inspirada pela consciência interior do homem que chegou ao limiar da Iniciação.

De modo que amadureça o fruto de todo trabalho meditativo, é necessário que o meditador seja capaz de responder a duas perguntas: Por que meditar e como meditar? Ele deve distinguir claramente o objetivo da Meditação e retomar consciência a cada dia desse objetivo. Ele deve necessariamente perseverar, dominar uma técnica e fazer dela uma segunda natureza tão instintiva quanto a sua respiração.

A Meditação pode ter vários objetivos e ser:
• um exercício de silêncio e de relaxamento;
• um exercício de interiorização;
• um meio para atingir a consciência interior e, neste caso, é um exercício iniciático.

O objetivo da Meditação será para nós o de alcançar, antes de mais nada, a consciência interior. Nossa consciência interior é, de fato, a manifestação do nosso Eu profundo, essa parte de nós mesmos que os antigos cultos dos Mistérios consideravam como divina e imortal. Ela recebeu o nome de psique ou alma.

Praticar a Meditação, enquanto um exercício iniciático, será então para nós uma ferramenta importante. Para isso, diferentes técnicas são possíveis, mas elas são apenas suportes e finalmente cabe a cada um de nós encontrar a que nos convém. Entretanto, existe um conjunto de dados elementares que foi experimentado. É por isso que vamos comunicar agora os pontos importantes relativos à Arte da Meditação, de modo que você possa experimentar e escolher o que convenha melhor para sua própria prática.

Os principais pontos relativos a essa Arte são em número de cinco: *a preparação, a posição do corpo, a disciplina, o lugar (o ambiente) e o processo mental.*

A preparação

Examinemos antes de tudo a preparação. Ela se divide em três fases, que são: a preparação mental, a purificação por abluções e o relaxamento. Vejamos em mais detalhes essas três fases.

A preparação mental

Quando o homem deseja empreender uma ação, ele deve primeiramente concebê-la em sua consciência, quer dizer, definir o objetivo e os meios de realizá-la. De acordo com a importância da ação, esse processo mental será mais ou menos longo e mais ou menos preciso. Só depois de ter estabelecido essas bases mentais, é que a ação será abordada no mundo físico, e seu completo sucesso dependerá muito do grau de preparação obtido e da clareza do projeto considerado. Os princípios que acabamos de definir são aplicáveis para a preparação à meditação. Assim, quando você decidir efetuar uma meditação, é necessário antes escolher o tema e as condições nas quais você a fará e, da mesma maneira, se possível, o momento. O tema de sua meditação pode ser uma simples palavra, um símbolo ou uma ideia que será representada pela visualização, ou ainda uma pergunta que será formulada por uma frase curta e precisa.

A purificação

Terminada a preparação mental, é bom efetuar uma purificação simbólica por abluções. Você pode, por exemplo, se preparar simplesmente lavando as mãos e bebendo água fresca.

O relaxamento

A última fase da preparação para a meditação consiste em efetuar um relaxamento do corpo como um todo. O relaxamento desempenha um papel considerável em todo trabalho espiritual. Quem quer que efetue os exercícios espirituais, sem ter previamente obtido certo grau de relaxamento, se expõe a um malogro puro e simples. O relaxamento, tomado como um todo, compreende dois aspectos: a descontração muscular e o relaxamento dito "profundo".

A descontração muscular, como o seu nome indica, consiste em trazer ao sistema muscular um relaxamento o mais perfeito possível. Para atingir um estado de relaxamento profundo, é necessário partir do nível mais baixo do nosso ser, quer dizer, o corpo, para em seguida alcançar os níveis mais elevados, por intermédio de nossa consciência. Devemos, portanto, em primeiro lugar, fazer cessar a agitação autodestrutiva e as tensões musculares do nosso corpo. O relaxamento como um todo tende a imprimir-nos uma espécie de "deixar seguir". Contudo, não é necessário "partir" no sentido oposto, ou seja, não ter mais nenhuma reação tanto física quanto emocional. O relaxamento causa um estado de bem-estar que permite às energias do nosso corpo circular livremente, permitindo o seu melhor funcionamento, e então o de nossas diferentes faculdades. Uma falta de exercícios físicos causa geralmente uma tensão muscular e nervosa. Se então sentimos a necessidade de fazer tal descontração, não é necessário hesitar em praticar um exercício nesse sentido.

Vamos agora para o *relaxamento profundo*. Consiste em agir por meio da vontade sobre o corpo como um todo e, particularmente, sobre a cabeça e os ombros. Os músculos da cabeça reagem de acordo com o estado mental de uma pessoa. Agindo sobre eles, nós podemos ajudar a alterar um estado mental defeituoso e causar um abrandamento em nível geral. É por isso que todo relaxamento profundo deve começar pela cabeça, continuando pelos ombros, pelo dorso e por todo o resto do corpo. Se essa forma de relaxamento for bem feita, ela pode causar, no início da prática, uma ligeira sonolência, que é um sinal de sucesso. Com o hábito, esse estado desaparece e dá lugar a um sentimento de paz geral e de bem-estar, que favorece a recepção das impressões intuitivas. No começo é necessário praticar esse exercício em condições de perfeita tranquilidade, seja sentado ou deitado. É necessário evitar roupas apertadas demais e qualquer tipo de desconforto.

Essa técnica age com profundidade e pode chegar até a melhorar os estados de saúde comprometidos, provocados pelo que chamamos de bloqueios mentais ou ainda problemas psicossomáticos. Certos estados emocionais como, por exemplo, um medo, uma tristeza, uma inquietude, emoções muito fortes, provocam efeitos visíveis sobre o corpo físico, como uma tensão nervosa ou os movimentos nervosos repetidos.

É então, primeiramente, no intuito de evitar todos esses problemas, que perturbam de fato o desabrochar da personalidade, que sugerimos que você pratique o relaxamento profundo, e também para dispor a seu favor de uma máxima chance de sucesso em seus futuros exercícios interiores.

A posição do corpo

Vamos agora ao segundo ponto relativo à Arte da Meditação, que está relacionado com a posição do corpo. Quando queremos meditar é absolutamente necessário encontrar uma posição em que o corpo fique à vontade, em equilíbrio, sendo este uma fonte certa de imobilidade. É necessário também considerar as energias que circulam em nós e que podem ser retardadas ou aceleradas, dependendo de o corpo e os membros estarem colocados de uma maneira ou de outra.

Os orientais, e particularmente os iogues, têm adotado uma série de posições em que a maior parte só é realizável após algum tempo de treinamento e de prática séria. Essas técnicas dão geralmente bons resultados, mas não podem ser consideradas como uma panaceia universal. Elas apresentam de fato dificuldades de adaptação ao nosso modo de vida ocidental, e um grande domínio é necessário para ter êxito e manter essas posições, tendo em conta a nossa morfologia. Ora, as tradições ocidentais utilizaram durante muito tempo técnicas, gestos e posições completamente equivalentes quanto ao resultado.

Assim, em relação à etapa em que você se encontra e à posição do corpo, o melhor é se sentar em uma cadeira. Esta não deve ser nem muito alta nem muito baixa. Ela deve lhe permitir fazer um ângulo de cerca de 90 graus entre as coxas e a parte de baixo das pernas.

As costas, a nuca e a cabeça devem ficar no prolongamento um do outro, coluna vertebral reta e os ombros não caídos. Os pés bem estendidos, bem plantados no chão e afastados de 25 a 30 centímetros de acordo com o tamanho do corpo. A posição do corpo, às vezes chamada "assentada", é fundamental para a prática da meditação. A "assentada", segundo a expressão oriental, consiste em fazer "como se quiséssemos afundar no chão com a bacia e atravessar o teto com a cabeça". A técnica resume-se em ter um importante contato com o chão ou com a matéria por intermédio da bacia. Esse contanto torna os ossos da bacia cada vez mais sensíveis e lhe dá a impressão de ocupar uma "superfície" sempre maior. É se entregar à terra na qual nos enraizamos. É preciso, em certa medida, dividir o peso do corpo sobre as coxas, enquanto que o assento se alonga um pouco para trás. A esse respeito, os orientais nos indicam que de alguma forma é preciso "contemplar o sol com o ânus".

Essa posição, realizada dessa forma, permite à energia que se fixe na região do abdômen e da bacia. Uma semelhante sensação de presença evita o risco de enfraquecimento do corpo e de evasão do espírito por causa do relaxamento.

Continuando nosso estudo sobre a posição do corpo, examinemos agora a posição das mãos. Elas podem ser postas de diversas maneiras. Eis alguns exemplos: estendidas sobre os joelhos, sobre as coxas, com a palma voltada para cima; logo no início das coxas, com os dedos entrelaçados; na altura do baixo ventre, com a palma virada para cima.

É você que vai determinar a posição de suas mãos. É por meio delas que você chegará ao perfeito equilíbrio do seu corpo, condição essencial para realizar uma boa meditação. Também é preciso observar que a posição das mãos influi na circulação das correntes magnéticas de nosso corpo. Se suas mãos estiverem estendidas sobre os joelhos, as correntes magnéticas estarão em um circuito fechado. Em contrapartida, se a palma das mãos estiver virada para cima, você terá a possibilidade de captar a energia que poderá estimulá-lo. Por isso é importante determinar o grau de calma que você pode atingir em função da posição de suas mãos.

A posição dos olhos também deve ser considerada durante a meditação. Os olhos são, como dizem, "as janelas da Alma", mas também são uma fonte de energia e de poder. Portanto, é melhor deixá-los fechados durante o processo da meditação, ainda que certos orientais os mantenham entreabertos, mas totalmente passivos, isto é, sem fixação em um objeto particular. Também cabe a você encontrar a atitude que melhor lhe convém dentre essas duas. É preciso, no entanto, evitar que o olhar se dirija para a raiz do nariz, como algumas escolas ensinam. Esse método pode com o tempo provocar distúrbios mentais.

Em relação à posição do corpo, para nós parece indispensável acrescentar alguns detalhes que podem ter sua importância quando não temos experiência suficiente nesse campo.

A prática proveitosa da meditação implica em uma conduta correta em relação ao que faz mal. Se considerarmos o leque dos problemas físicos que podemos encontrar, na manutenção da posição do corpo e da bacia, o leque vai de tensões leves as dores realmente insuportáveis, que o meditador pode sentir mais ou menos da seguinte maneira: em um ponto qualquer do corpo, há uma tensão, uma coceira, uma dor. Na maioria das vezes nos mexemos para fazê-las desaparecer, e quanto mais nos mexemos, mais temos vontade de mexer. Nesse caso, nós podemos, ou manter essas sensações bem longe, isto é, não deixá-las que nos penetrem, ou então, conscientemente, entrar na dor, se instalar no lugar dolorido e se entregar a ela. Nesse campo, muitos experimentadores constataram que a metade, ou talvez mais, dos sofrimentos e das perturbações físicas vêm da resistência que lhes opomos inconscientemente e que tenciona ainda mais a região afetada. É por isso que quando as dores invadem as pernas, as costas, a cabeça ou qualquer outro órgão na posição sentada, muitas vezes é preferível "se introduzir" na dor, pois resistir não basta e não suprime o problema. É possível, e até mesmo recomendável, em tal situação, fazer uma inspiração profunda e no final da expiração se entregar ao lugar que dói, deixando penetrar as forças curativas da natureza, que toda pessoa possui dentro de si. Esse princípio exige, evidentemente, uma experimentação, para poder apreciar os efeitos obtidos.

É possível também, caso se possa fazer isso sem prejuízo ao relaxamento e ao nível de consciência, mexer levemente a parte atingida, acalmar a coceira, etc. É uma questão de escolha e de controle pessoal.

A disciplina

Agora vamos falar da disciplina, ela que faz parte da terceira fase da Arte da Meditação. A disciplina consiste em observar a seguinte regra: todas as vezes que desejamos efetuar uma meditação, devemos reproduzir em todos os detalhes a posição do corpo assim como a definimos. Essa maneira de operar permitirá ao corpo se disciplinar e adquirir um equilíbrio durante todo o tempo da meditação. Também é por meio de uma forma de condicionamento que o corpo irá adquirir a imobilidade indispensável para esse tipo de trabalho. Recomendamos que você registre todos os detalhes relativos à posição do corpo, para que possa reproduzi-los mais facilmente, ou seja, deve haver uma espécie de automatismo nesse campo. Dessa forma, assim que você tomar a posição de meditação, estará em pouco tempo instalado em condições físicas ideais e poderá então começar o processo mental que lhe permitirá dirigir sua meditação e apreciar seus benefícios. Mais tarde, você poderá progressivamente se libertar desses condicionamentos, pois eles sempre devem ser considerados como ferramentas de trabalho.

Acabamos de lhe indicar os primeiros princípios relativos ao relaxamento muscular e ao relaxamento profundo, prelúdio muitas vezes indispensável à prática da Arte da Meditação. Para permitir que você assimile bem esses princípios, recomendamos que pratique os exercícios indicados aqui, assim que tiver a possibilidade. Abordaremos agora o quarto ponto, intitulado o lugar e o entorno.

O lugar e o entorno

A meditação pode ser praticada em qualquer lugar, mas isso só é possível quando atingimos um desenvolvimento espiritual importante. Por isso, durante vários meses, devemos disciplinar nossa natureza, envolvendo-nos com elementos que nos colocarão nas condições ideais. É por isso que o lugar para a prática da meditação deverá ser escolhido com cuidado. É preciso procurar um lugar em que corremos pouco risco de sermos incomodados. Tentaremos evitar o barulho, as conversações, os roncos dos motores, etc.; também se deve evitar o calor intenso, o frio intenso, o cansaço físico, a fome, bem como uma digestão difícil. E se possível meditar longe do telefone, ou então desligá-lo por alguns minutos.

Poderemos dispor, para esse momento de trabalho interior, alguns objetos simbólicos, que nos lembrarão nossa atitude espiritual. Não nos esqueçamos, no entanto, que a obra é principalmente interior.

Devemos encontrar uma cadeira que nos seja confortável. Esta será, se possível, sempre a mesma e orientada constantemente para a mesma direção. Para a orientação da cadeira, devemos levar em conta as condições magnéticas terrestres. Para isso, um experimento será necessário. É indispensável que cada um de vocês experimente as diferentes direções do espaço, efetuando suas meditações vários dias seguidos no mesmo sentido, depois mudando até ter encontrado a direção que traz a calma e a paz. Essa busca pode exigir várias semanas, mas ela é muito importante e deve ser feita de maneira séria. É importante, no entanto, não perder tempo demais com isso no início, e se colocar na direção do Leste, direção considerada como fonte da Luz no Ocidente. Aliás, é por essa razão que muitos dos lugares Santos, como as catedrais e os templos iniciáticos espalhados pelo mundo, têm suas estações magistrais orientadas para o Leste. Algumas Tradições consideram apenas o simbolismo do Templo e não levam em conta a direção real do Leste, isto é, o Leste geográfico. No imenso campo vibratório que envolve a Terra, influências de toda espécie circulam, boas ou ruins, emitidas pelos homens. O homem ou a mulher, cujo mental não é conduzido a filtrar as influências recebidas, vindas do mundo objetivo ou do imenso reservatório, às vezes chamado o subconsciente coletivo, poderá captar facilmente influências com predominâncias negativas. De fato, todas as direções do espaço, exceto a do Leste geográfico, são suscetíveis de veicular toda espécie. O mesmo não acontece com o Leste geográfico, em que a influência sempre é predominantemente positiva.

É por isso que, embora reservando a cada um sua liberdade, nós preconizamos a orientação para o Leste geográfico para todos os trabalhos espirituais importantes. Se então você não estiver seguro de si e se desejar colocar o máximo de chance do seu lado, você poderá em sua meditação orientar sua cadeira para o Leste geográfico. Essa é apenas uma sugestão, o que não o impede de buscar sua orientação pessoal, indicada nos parágrafos anteriores, isto é, experimentar todas as direções do espaço. Sendo assim, vamos retomar algumas particularidades relativas ao lugar e ao entorno.

No início do seu trabalho, não recomendamos utilizar a música. Isso não quer dizer que não apreciamos os seus benefícios, muito pelo contrário, mas pensamos que a primeira etapa deve ser a do silêncio interior. Este último faz parte do desenvolvimento espiritual e o objetivo buscado é o de que cada participante em um ritual esteja concentrado unicamente nos fatos, gestos e palavras desse ritual, sem correr o risco de uma "evasão" provocada pela música. Esta é de fato um "estimulante" da imaginação e, em alguns casos precisos, esse método traz uma ajuda considerável. Ao passo que em outros, ela muitas vezes provoca uma forma de evasão que leva a consciência para longe do tema que atrai a atenção. Essa concepção se reforça ainda pelo fato de que algumas cerimônias têm um caráter operativo ou teúrgico. Ora, nesse tipo de prática, uma concentração máxima é absolutamente necessária. A música não é então utilizada em nossas primeiras atividades.

Para as atividades de meditação, você poderá usar roupas que não causam nenhum desconforto e não travam a circulação do sangue. Cintos, colares e sapatos apertados devem ser evitados. É preferível usar roupas e calçados leves.

Os odores também são suscetíveis de representar um importante papel em sua meditação. Você deverá levar em conta os perfumes que podem ser empregados. Se for incenso, será preciso encontrar uma qualidade cujo perfume seja agradável e incite ao recolhimento. Com efeito, existem tipos de incenso cuja composição química não é feita para produzir, quando queimado, um campo vibratório suscetível de elevar os pensamentos e a consciência. Por isso, é preciso ser prudente nesse campo, não imitar alguém e procurar um para si. O incenso de olíbano – ou lágrimas da Somália – é com certeza o melhor que se pode encontrar para a prática da meditação. Ele permite que no início se evitem as identificações com esta ou aquela egrégora.

Antes de abordar o último ponto relativo à Arte da Meditação, e que chamamos "o processo mental", devemos examinar as três fases reconhecidas por todas as tradições e que definem as três forças na utilização do pensamento para fins esotéricos. Essas três fases são: concentração, meditação e contemplação.

Ainda que essas três fases tenham um nome diferente e que cada uma delas represente uma particularidade da utilização das faculdades mentais, existe, no entanto, uma interpenetração entre elas. Assim, por um lado, podemos dizer que não há realmente uma linha de demarcação entre a concentração e a meditação, e por outro, entre a meditação e a contemplação. Quando se pratica a meditação, existe forçosamente um determinado grau de concentração, sem isso a meditação não produziria nenhum resultado.

Da mesma forma, na prática da meditação, é fácil atingir o estágio da contemplação sem, no entanto, perturbar o estado alcançado. É apenas depois de determinado tempo de experimentação que se poderá distinguir nitidamente os efeitos particulares de cada uma dessas fases e será possível orientar o trabalho para uma ou para outra, em função do resultado que se busca obter.

A palavra "concentração" significa "condensação". No caso de uma atividade esotérica, é a fixação do pensamento em um ponto particular. É levar sua atenção até um ponto ou uma ideia precisa, esquecendo todo o resto. Existe nesse método uma utilização ativa da vontade. Neste caso, a utilização da vontade não significa mobilizar um grande aporte de energia, ao mesmo tempo psíquica e nervosa, para produzir um esforço considerável. É muito mais exercer um controle de todos os pensamentos que chegam e descartar aqueles que não têm nenhuma relação com o sujeito sobre o qual a atenção deve ser conduzida. A vontade assim empregada tomará, com certeza, um caráter de firmeza, mas também de flexibilidade, ou seja, nenhuma tensão deverá se produzir, nem no nível físico, nem no psíquico. Se você se concentrar em um objeto e, ao mesmo tempo, uma tensão nervosa se produza nos músculos de seu rosto, traduzindo-se por um franzir das sobrancelhas, você não obterá um bom resultado. A utilização da vontade no trabalho esotérico se situa então unicamente no nível do pensamento e apenas nesse nível.

Os orientais dizem que o pensamento da maioria dos homens é como um macaco em uma árvore. Ele nunca descansa, sempre pulando de galho em galho, sem observar nenhuma disciplina. Nossa tarefa consiste em treinar o macaco a ficar tranquilo, no lugar em que nós escolhemos colocá-lo. Semelhante treino necessita da prática e de muita paciência, pois o macaco possui uma energia e uma agilidade consideráveis, que o levam a se mexer sem parar e muitas vezes sem razão aparente.

Você compreenderá mais facilmente agora que, como já indicamos, o verdadeiro exercício da vontade é de fato um exercício de controle e de paciência sem fim, praticado em um estado de relaxamento máximo. A faculdade da vontade deve ser empregada não apenas em nosso momento de meditação, mas também em nossas atividades cotidianas. Por meio desse método, desenvolvemos em nós uma "força tranquila" que poderá avaliar rapidamente todas as situações que se apresentarão, e se tornar mestre delas.

Para que esse trabalho esotérico traga frutos, ele deve ser transposto para o conjunto da vida física. É essa área que constitui o campo de experiências da Consciência do homem. Assim, durante os períodos de meditação e da prática de alguns exercícios ou rituais, recebemos diretrizes, informações, que constituirão os elementos de base para conduzir nossas ações no mundo concreto, isto é, físico. É importante, portanto, ter períodos de trabalho cotidiano no campo puramente espiritual, para compreender não apenas os princípios e modos de ações que poderemos empregar, mas também para captar e reter a energia necessária para colocar em ação esses princípios. Este é o objetivo das meditações cotidianas e dos períodos de trabalho consagrados às atividades iniciáticas. Não é necessário que esses períodos sejam longos, eles podem ser de 15 a 30 minutos. Depois, é normal e necessário retornar ao mundo exterior para nele desempenhar nossas obrigações.

Das três formas de atividades – concentração, meditação e contemplação – são a concentração e a meditação que agora reterão em especial nossa atenção. A prática da concentração desenvolverá simultaneamente o próprio poder dessa faculdade e da vontade, assim como acabamos de descrevê-la. Depois de sua iniciação, você descobrirá algumas técnicas e exercícios que poderá utilizar conforme seu objetivo.

A meditação é uma das pedras angulares do desenvolvimento espiritual, é por isso que os ensinamentos de base relacionados a esse assunto lhe são agora transmitidos. Vimos tudo o que diz respeito à parte física e agora precisamos estudar o processo mental.

Assim, quando tivermos colocado em ordem todos os detalhes exteriores e tivermos adquirido a posição corporal, aquela que nos é mais favorável, poderemos começar nossa ação no nível do pensamento. Antes, é preciso considerar que, se estamos sentados e perfeitamente relaxados sem nenhum desconforto, nosso mental vai receber uma sobrecarga de energia que vai estimular nosso pensamento. Uma onda de ideias variadas irá surgir em nosso espírito e, quanto mais tentarmos combater esse fenômeno, mais ele se ampliará. Para compreender bem isso, vamos voltar um instante à analogia da árvore, com seus galhos e o macaco evoluindo sobre ela.

A árvore seria o conhecimento consciente, isto é, tudo o que adquirimos por intermédio de nossos sentidos e de nossa faculdade de raciocínio, que está à nossa disposição. Os galhos são as "pontes" que unem cada elemento desse conhecimento e o macaco representa a focalização em um ponto preciso de nossa consciência, ainda que essa focalização dure apenas um breve instante. Em outros termos, o macaco seria o instante presente vivido pela consciência. A sensação do vivido pode ser profunda e, neste caso, ela se deve a um bom grau de concentração. No caso contrário, é uma má concentração ou um estado mental defeituoso, que seria a causa de impressões fugidias e não registradas pela memória. Dissemos que os galhos eram as "pontes" que ligavam cada elemento, e se tornarmos essa analogia concreta, diremos que se trata das associações de ideias que são engendradas a cada instante de nossa vida consciente e que fazem com que, de acordo com uma expressão popular, nós saltemos "de um galho para o outro" no processo de nosso pensamento. Às vezes acontece que as associações de ideias nos conduzem para uma ideia nova, então é outro galho que junta à nossa árvore, ou se você preferir um novo segmento de conhecimento. Ora, o objetivo da meditação é o de adquirir conhecimentos novos e portanto descobrir novos galhos em nossa árvore. Partindo do princípio de que esta última sempre tenta crescer e se aproximar do céu, quanto mais atingirmos os galhos distantes do chão, mais nossa consciência (o macaco) poderá se elevar em direção ao céu e viver sensações e emoções elevadas.

Se cada galho representa um segmento do conhecimento e desejamos aumentar nosso conhecimento pessoal de tudo o que diz respeito a um segmento preciso, concentramos nossa consciência nesse segmento, esquecendo momentaneamente todos os outros. É assim que definimos o sujeito ou tema de uma meditação.

Examinemos agora o aspecto prático do processo mental. Este começa por uma tranquilização do intelecto. Para alcançar esse estado, é preciso deixar escorrer literalmente o rio dos pensamentos, liberados pela sobrecarga de energia que vem da imobilidade do corpo. Assim, é preciso evitar todas as associações de ideias relacionadas aos pensamentos que passam. Isso deve nos conduzir ao silêncio mental. Nesse estado, é preciso evitar a perda de consciência que traria logo o sono e a anulação de toda a meditação. O silêncio mental pode e deve oferecer, depois de um bom treinamento, um estado de bem-estar e uma recarga do nível de energia. É o que os orientais e outras tradições chamam o "silêncio interior". É possível permanecer vários minutos nesse estado e não começar o verdadeiro processo da meditação. É apenas um exercício de harmonização e de recarga energética.

Caso deseje realmente meditar, assim que atingir o silêncio mental, é preciso formular, no primeiro plano de nossa consciência, o tema ou o sujeito de meditação que foi anteriormente determinado. Com a ajuda da vontade, assim como ela já foi definida, devemos conservar durante alguns instantes o tema de meditação e apenas este em nossa consciência. Esse tema pode ser uma palavra, uma frase, ou ainda um símbolo, pouco importa, mas ele deve ser formulado de maneira precisa.

Uma vez realizada a formulação do tema de meditação, irá acontecer uma ressonância entre nossa consciência e tudo o que se relaciona no campo da consciência universal ao tema evidenciado. Por meio de nosso psiquismo, nossa consciência subjetiva e nossa consciência interior vão nos entregar informações relativas ao tema em questão. Essas informações virão por si só e serão mais ou menos importantes, conforme a meditação seja superficial ou profunda. Elas poderão chegar sob a forma de *flash* mental de uma natureza intuitiva. E assim tornados vivos na consciência, esses dados se imprimirão no nível da memória e poderão, depois do período da meditação, ser colocados em seu devido lugar em relação ao conjunto do tema.

É nesse momento que o Adepto bem treinado poderá, caso sinta necessidade, empreender um verdadeiro exercício de contemplação, ou simplesmente utilizar o conhecimento recebido no mundo físico. É nesse estágio que compreendemos que a meditação é analítica, no sentido que ela se apoia nas ideias "a propósito de qualquer coisa"; ao passo que a contemplação tem uma natureza de síntese, pois o olhar interior se coloca em uma condensação que foi anteriormente realizada, para sentir sua harmonia, beleza, e dela se impregnar. A concentração e a meditação são consideradas como ativas, enquanto a contemplação é fundamentalmente passiva. O que não quer dizer que ela seja negativa, muito pelo contrário. Ela deve simplesmente ser praticada com menos frequência para que não se instaure na natureza do Iniciado um estado de não ação, que resultaria em uma estagnação em relação ao seu progresso espiritual.

Acabamos de descrever o processo mental que podemos utilizar na Arte da Meditação, nos apoiamos na trilogia: concentração, meditação, contemplação. Os dados que você possui agora são suficientes para permitir que faça meditações proveitosas. Mais tarde, voltarei a falar sobre isso, pois existem outros princípios de uma natureza exclusivamente operativa, que dão resultados semelhantes, e é sempre útil conhecer as diversas fases de ação possíveis na mesma investigação.

Prática da roda ardente

Introdução

Existe na tradição religiosa do Ocidente uma técnica de meditação ritmada, que foi sintetizada sob a forma que se tornou muito popular dos terços. Existem vários modelos, tanto na Igreja do Oriente, quanto na Igreja do Ocidente. São conhecidos até mesmo alguns equivalentes nas diferentes escolas budistas. Na religião popular, sua utilização foi feita para fixar de um modo repetitivo as preces de base cristãs, ou seja, o Pai Nosso, sobre o qual já falamos, e a Ave-Maria. O objeto desse tipo de prece é o de chegar, pela repetição ritmada de um texto, a um estado de meditação que permite visualizar e viver internamente os níveis de consciência especialmente evocados durante essas repetições. O Terço católico, sob sua forma clássica, é destinado, quando recitado apenas uma vez, a estabelecer uma relação com o que podemos chamar a egrégora da Igreja. Dessa forma, o fiel se coloca sob sua proteção. A Igreja associa os "Mistérios do rosário" à tripla repetição de um terço. O fiel é então convidado, durante cada dezena de preces, a fixar sua consciência em uma etapa dos mistérios cristãos, assim divididos em quinze partes, reunidas em três grupos. A primeira série se chama "os mistérios gozosos"; a segunda, "os mistérios dolorosos"; e a terceira, "os mistérios gloriosos".

Ora, os hermetistas cristãos, herdeiros de uma longa tradição précristã, sempre conheceram as técnicas místicas e teúrgicas em ação nesse tipo de devoção popular. Eles as usaram de uma maneira oculta, no interior das escolas iniciáticas, nas quais eram animadores. Eles souberam, portanto, reconhecer as manifestações de intuições autênticas por parte de místicos, quaisquer que fossem suas filiações religiosas. Situamos-nos aqui no mesmo contexto e é por isso que tomamos esse exemplo bem conhecido.

Dentre os diferentes terços, nós citaremos aqui o mais comum, que serve de base para aquilo que os católicos chamam o rosário.[8]

---

8. Outras práticas ligadas a esse terço e a outros terços se encontram na obra intitulada *ABC da Kabbale Chrétienne*, Éditions Grancher, Paris. É o caso, por exemplo, do terço dito de São Miguel Arcanjo.

O terço mais comum se apresenta sob a forma de um conjunto de 59 contas. Essas contas são reunidas em 5 séries de 10, separadas por cinco contas isoladas. A prática popular católica atribui uma Ave-Maria para a conta menor (ou seja, 50 por terço) e um Pai-Nosso para as contas maiores (ou seja, 5 por terço). O rosário é constituído pela pronunciação de três terços consecutivos, portanto, por 15 séries de 10 Ave-Marias, alternadas por 15 Pai-Nossos.

A prática cabalística desse terço obedece à mesma estrutura. Mas ela não permanece prisioneira do dogma exotérico e avança livremente para além da aparência, para perceber as energias e os arquétipos em ação. É para a abertura desse caminho que o convidamos.

Existem vários níveis e ciclos de práticas. A maior parte deles se baseia na gravura de Kunrath, sobre a qual já falamos. Vimos que ela representava o papel de uma chave fundamental em algumas Ordens iniciáticas, mais particularmente na Ordem Cabalística da Rosa-Cruz. Veremos seus outros aspectos práticos. Nós recomendamos que você a eles se dirija para compreender a estrutura da prática que segue.

Como você perceberá, essa gravura alegórica reúne a representação do microcosmo e do macrocosmo, estruturados sobre a representação da árvore da vida. É exatamente essa progressão que a prática cabalística da *Roda Ardente* utiliza.

Primeiro método

Descrição física do terço:

Ele é idêntico ao terço católico, mas traz uma medalha de Iéschouah associada a três fitas: preta, vermelha e branca. As cinco séries de contas correspondem às cinco cores tradicionais do nome sagrado.

Esse método é composto de dois ciclos. Cada um deles poderá ser praticado sozinho, mas se poderá escolher igualmente praticá-los um depois do outro, levando-nos, dessa forma, a percorrer três ciclos da roda.

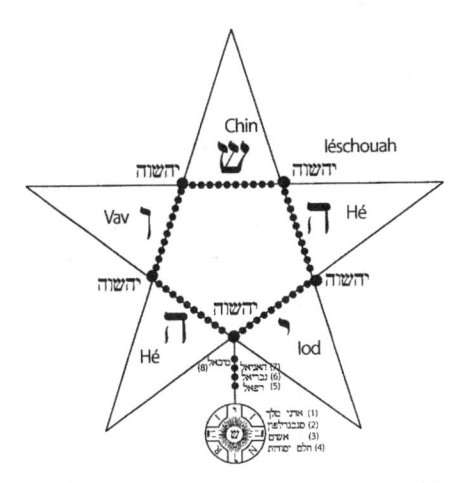

1. Adonai Meleur – 2. Sandalphon – 3. Achim
4. Releum Iéssodot – 5. Rafael – 6. Gabriel
7. Haniel – 8. Miguel

O primeiro ciclo representará a figura que envolve a representação do ser regenerado (que aqui podemos chamar de Iéschouah). Como vimos, seu nome em hebraico é composto de cinco letras distribuídas sobre uma estrela de cinco pontas. Essa indicação nos fornece uma chave simbólica perfeitamente preciosa. A *Roda Ardente* se compõe igualmente de cinco séries de 10 contas. A sobreposição do terço sobre a estrela de cinco pontas nos oferece uma boa indicação da razão pela qual existem 5 ciclos. Quanto à série de 10, ela responde a um simbolismo múltiplo. Acabamos de evocar que o pentáculo geral baseia-se na estrutura da árvore sefirótica, que se constitui de 10 esferas. Além do mais, a *tetraktys* pitagórica, figura sagrada por excelência da tradição antiga, é representada tradicionalmente sob a forma de dez pontos reunidos em forma piramidal (ver figura abaixo).

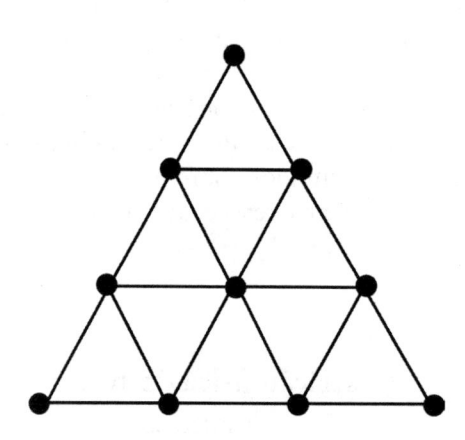

Ora, os cabalistas cristãos, herdeiros desse conhecimento sagrado, integraram-no à sua prática, como testemunha o alto da gravura. Vemos bem a substituição dos pontos pelas letras hebraicas que compõem o tetragrama (Iod, He, Vav, He) do nome impronunciável do Deus bíblico. Começamos a compreender essas relações simbólicas, mas é importante não se ater a um discurso puramente teórico e é a isso que o selo alegórico nos convida.

As atribuições do pentagrama evocam a correspondência entre as quatro letras hebraicas e os quatro elementos. A quinta central corresponde ao éter, o espírito. Podemos reunir esses dados no quadro abaixo:

Série	Letra	Elementos	Cores
1ª	׳ (Iod)	(Fogo)	Vermelho
2ª	ה (He)	(Água)	Azul
3ª	ש (Chin)	(Éter)	Luz branca brilhante
4ª	ו (Vav)	(Ar)	Amarelo
5ª	ה (He)	(Terra)	Marrom escuro

A cada conta da série das dezenas, a letra correspondente é repetida, enquanto a letra é visualizada diante de você, eventualmente na cor correspondente.

A cada conta independente que separa as dezenas, o nome sagrado de Iéschouah é vibrado.

É também possível associar a posição do corpo correspondente à letra ou tomar a posição do pentagrama durante esses cinco ciclos.

O segundo ciclo corresponderá, como é indicado pela gravura em seu segundo círculo, às 10 séries de dez contas que correspondem cada uma das sefirotes. O percurso completo da árvore sefirótica desse ciclo se efetua, portanto, com dois terços.

Série	Sefiroth	Símbolo a ser visualizado (Mundo de Briah)
1ª	Malkuth	Uma jovem mulher sentada em seu trono
2ª	Yesod	Um soberbo jovem nu itifálico
3ª	Hod	Um hermafrodita
4ª	Netzach	Uma amazona nua
5ª	Tiphareth	Um rei solar
6ª	Geburah	Um rei guerreiro armado em seu carro
7ª	Chesed	Um poderoso sacerdote-rei coroado em seu trono
8ª	Binah	Uma rainha celeste
9ª	Chokhmah	Um patriarca barbudo
10ª	Kether	Um brilho branco

Entre cada série e a cada conta independente serão recitadas as 22 letras do alfabeto hebraico, conservando um tom recitativo e interiorizado.

Essas 22 letras serão, portanto, também repetidas por dez vezes. Durante essa repetição, nada será visualizado e será mantida a concentração na própria repetição.

Assim, a Roda Ardente terá sido percorrida três vezes no sentido ascensional, conduzindo-nos do microcosmo ao macrocosmo.

Como veremos mais adiante, é também possível percorrê-la do macrocosmo ao microcosmo. Para isso, basta seguir o ciclo inverso daquele que acabamos de mencionar. O conjunto desse ciclo será indicado mais adiante.

Rito do primeiro método

Pegue o terço com a mão esquerda e segure a medalha de Iéschouah entre o polegar e o indicador de sua mão direita. Feche os olhos por alguns minutos e relaxe. Você pode estar em pé ou sentado.

Tome consciência de seu corpo, seus pés e seu contato com o chão. Sua respiração é lenta e profunda, e progressivamente você se descontrai. Torne-se consciente de seu corpo, do que ouve, do que sente, dos odores que percebe. Tornando-se assim cada vez mais consciente de seu próprio ser, seus pensamentos parasitas desaparecem naturalmente, sem que você tenha de se preocupar.

Depois, imagine que você está no centro de um duplo círculo. O lugar é calmo e agradável. Ao seu redor, o ar está claro e vívido. Olhando mentalmente em torno, você observará que o duplo círculo está no centro de uma esfera, na qual você se encontra. Levantando a cabeça, você vê que essa dupla esfera é preenchida pelas sete cores do arco-íris. Essas sete cores dançam e cintilam ao seu redor. Você esteja em pé ou não, visualize que você está no centro desse espaço.

Depois, vibre os seguintes nomes místicos:
Relem Iésodot (הלם יסודות)
Achim (אשים)
Sandalphon (סנבנדלפון)
Adonaï Meleur (אדני טלך)

Permaneça em silêncio alguns instantes, sentindo simplesmente a presença das potências divinas da esfera de Malkouth, na qual você se encontra.

O estabelecimento dos guardiões

1ª conta

Desloque o indicador e o polegar da mão direita sobre a primeira conta. Tome consciência de uma luz de cor amarela diante de você. No interior dessa cor, visualize um anjo com duas asas brancas imaculadas, vestido com uma longa túnica de cor verde-cinza, carregando uma *pyxide*[9] em uma das mãos, a outra leva uma criança, que segura um grande peixe.

---

9. Pequena caixa de joias, de madeira, de marfim ou de metal precioso.

Concentrando-se então nesse personagem, vibre o nome angélico Rafael (דפאל).

2ª conta

Desloque o dedo indicador e o polegar da mão direita sobre a segunda conta. Tome consciência de uma luz cor de lavanda, abaixo e atrás de você. No interior dessa cor, visualize um anjo com duas asas brancas imaculadas, vestindo uma longa túnica de cor branco-azulada, segurando uma lamparina vermelho rubi.

Concentrando-se então nesse personagem, vibre o nome angélico Gabriel (גבדיאל).

3ª conta

Desloque o dedo indicador e o polegar da mão direita sobre a terceira conta. Tome consciência, à sua direita, de uma luz de cor turquesa claro. No interior dessa cor, visualize um anjo com duas asas brancas imaculadas, vestindo uma longa túnica de cor rosa, carregando rosas brancas em seus braços.

Concentrando-se então nesse personagem, vibre o nome angélico Haniel (האניאל).

4ª conta

Desloque o dedo indicador e o polegar da mão direita sobre a quarta conta. Tome consciência, à sua esquerda, de uma luz de cor abricó claro. No interior dessa cor, visualize um anjo com duas asas brancas imaculadas, vestindo uma longa túnica de cor branco-dourado, apoiado em um dragão e segurando uma palma e um estandarte branco com uma cruz vermelha.

Concentrando-se então nesse personagem, vibre o nome angélico Miguel (מיבאל).

O primeiro ciclo – Iéschouah

1ª dezena

Segure a primeira conta de junção (primeira da série) entre o polegar e o indicador de sua mão direita. Sua mão esquerda continua segurando a medalha. Respire tranquilamente e por alguns instantes construa mentalmente diante de você as letras que compõem o nome de Iéschouah (יהשוה). Caso não as conheça, pense simplesmente nesse nome sagrado. Então vibre ou pronuncie o nome **Iéschouah** uma vez.

Em seguida, segure entre o polegar e o indicador de sua mão direita a 1ª das contas, que constitui a primeira série. Visualize diante de você a letra hebraica **Iod** (׳) na cor indicada no quadro a que se refere a esse rito, ou seja, a cor vermelha. Após alguns instantes de silêncio, vibre o nome **Iod**.

Sempre conservando a letra e sua cor em sua consciência, segure entre o polegar e o indicador de sua mão direita a 2ª das contas, que constitui a primeira série, e vibre uma segunda vez o nome e a letra **Iod**.

Proceda da mesma forma com as outras contas que constituem essa série.

2ª dezena

Segure entre o polegar e o indicador de sua mão direita a segunda conta de junção; sua mão esquerda continua segurando a medalha. Respire tranquilamente e por alguns instantes construa mentalmente diante de você as letras que compõem o nome de **Iéschouah** (יהשוה). Caso não as conheça, pense simplesmente nesse nome sagrado. Então, vibre ou pronuncie o nome **Iéschouah** uma vez.

Em seguida, segure entre o polegar e o indicador de sua mão direita a 1ª das contas, que constitui a segunda série. Visualize diante de você a letra hebraica **Hé** (ה) na cor indicada no quadro que se refere a esse rito, ou seja, a cor azul. Após alguns instantes de silêncio, vibre o nome **Hé**.

Sempre conservando a letra em sua consciência, pegue a 2ª conta que constitui a segunda série entre o polegar e o indicador de sua mão direita e vibre pela segunda vez o nome da letra **Hé**.

Proceda da mesma forma com as outras contas que constituem essa série.

3ª dezena

Segure entre o polegar e o indicador de sua mão direita a terceira conta de junção e sua mão esquerda continua segurando a medalha. Respire tranquilamente e por alguns instantes construa mentalmente diante de você as letras que compõem o nome de **Iéschouah** (יהשוה). Caso não as conheça, pense simplesmente nesse nome sagrado. Então vibre ou pronuncie o nome **Iéschouah** uma vez.

Em seguida segure, entre o polegar e o indicador de sua mão direita, a 1ª das contas, que constitui a terceira série. Visualize diante de você a letra hebraica **Schin** (ש) na cor indicada no quadro que se refere a esse rito, ou seja, a cor de uma luz branca brilhante. Após alguns instantes de silêncio, vibre o nome **Schin**.

Sempre conservando a letra em sua consciência, pegue a 2ª conta que constitui a terceira série entre o polegar e o indicador de sua mão direita e vibre pela segunda vez o nome da letra **Schin**.

Proceda da mesma forma com as outras contas que constituem essa série.

4ª dezena

Segure entre o polegar e o indicador de sua mão direita a quarta conta de junção; sua mão esquerda continua segurando a medalha. Respire tranquilamente e por alguns instantes construa mentalmente diante de você as letras que compõem o nome de **Iéschouah** (יהשוה). Caso não as conheça, pense simplesmente nesse nome sagrado. Então, vibre ou pronuncie o nome **Iéschouah** uma vez.

Em seguida segure, entre o polegar e o indicador de sua mão direita, a 1ª das contas que constitui a quarta série. Visualize diante de você a letra hebraica **Vav** (ו) na cor indicada no quadro que se refere a esse rito, ou seja, a cor amarela. Após alguns instantes de silêncio, vibre o nome **Vav**.

Sempre conservando a letra em sua consciência, pegue a 2ª conta, que constitui a quarta série, entre o polegar e o indicador de sua mão direita e vibre pela segunda vez o nome da letra **Vav**.

Proceda da mesma forma com as outras contas que constituem essa série.

5ª dezena

Segure entre o polegar e o indicador de sua mão direita a quinta conta de junção. Sua mão esquerda continua segurando a medalha. Respire tranquilamente e por alguns instantes construa mentalmente diante de você as letras que compõem o nome de **Iéschouah** (יהשוה). Caso não as conheça, pense simplesmente nesse nome sagrado. Então, vibre ou pronuncie o nome **Iéschouah** uma vez.

Em seguida segure, entre o polegar e o indicador de sua mão direita, a 1ª das contas, que constitui a quinta série. Visualize diante de você a letra hebraica **Hé** (ה) na cor indicada no quadro que se refere a esse rito, ou seja, a cor marrom-escuro. Após alguns instantes de silêncio, vibre o nome **Hé**.

Sempre conservando a letra em sua consciência, pegue a 2ª conta que constitui a quarta série entre o polegar e o indicador de sua mão direita e vibre pela segunda vez o nome da letra **Hé**.

Proceda da mesma forma com as outras contas que constituem essa série.

O segundo ciclo – a árvore sefirótica

1ª dezena Segure, entre o polegar e o indicador de sua mão direita, a primeira conta de junção (primeira da série). Sua mão esquerda continua segurando a medalha. Respire tranquilamente e esvazie a mente de qualquer visualização particular. Pronuncie então sucessivamente todas as letras do alfabeto hebraico: Aleph (א), Bèt (ב), Guimel (ג), Dalet (ד), Hé (ה), Vav (ו), Zaïn (ז), Rèt (ח), Tèt (ט), Iod (י), Kaf (כ), Lamèd (ל), Mem (מ), Noun (נ), Samèr (ס), Aïn (ע), Pé (פ), Tsadi (צ), Kof (ק), Rèch (ר), Chin (ש), Tav (ת).

Segure em seguida, entre o polegar e o indicador de sua mão direita, a 1ª das contas, que constitui a primeira série. Visualize diante de você a imagem mágica da esfera (indicada no quadro de correspondência no início desta 1ª dezena). Depois vibre ou pronuncie o nome **Malkouth** (מלכות) uma vez.

Sempre conservando a palavra em sua consciência, segure, entre o polegar e o indicador de sua mão direita, a 2ª das contas, que constitui a primeira série, e vibre pela segunda vez o nome da primeira esfera da árvore da vida **Malkouth**.

Proceda da mesma forma com as outras contas que constituem essa série.

2ª dezena

Segure entre o polegar e o indicador de sua mão direita a segunda conta de junção, enquanto sua mão esquerda continua segurando a medalha. Respire tranquilamente e esvazie sua mente de qualquer visualização especial. Pronuncie, então, sucessivamente todas as letras do alfabeto hebraico.

Depois segure, entre o polegar e o indicador de sua mão direita, a 1ª das contas, que constitui a segunda série. Visualize diante de você a imagem mágica da esfera. Depois vibre ou pronuncie o nome dessa segunda esfera **Yésod** uma vez.

Sempre conservando a letra em sua consciência, segure, entre o polegar e o indicador de sua mão direita, a 2ª das contas, que constitui a segunda série, e vibre pela segunda vez o nome dessa esfera.

Proceda da mesma forma com as outras contas que constituem essa série.

3ª dezena

Segure entre o polegar e o indicador de sua mão direita a terceira conta de junção, enquanto sua mão esquerda continua segurando a medalha. Respire tranquilamente e esvazie sua mente de qualquer visualização especial. Pronuncie, então, sucessivamente todas as letras do alfabeto hebraico.

Em seguida segure, entre o polegar e o indicador de sua mão direita, a 1ª das contas, que constitui a terceira série. Visualize diante de você a imagem mágica da esfera. Depois vibre ou pronuncie o nome dessa terceira esfera **Hod** uma vez.

Sempre conservando a letra em sua consciência, segure, entre o polegar e o indicador de sua mão direita, a 2ª das contas, que constitui a segunda série, e vibre pela segunda vez o nome dessa esfera.

Proceda da mesma forma com as outras contas que constituem essa série.

4ª à 10ª dezena: Proceda da mesma forma, visualizando e vibrando os diferentes nomes das sefirotes que se encontram no quadro das correspondências no início desta prática.

Como você acaba de ver, entre cada uma das dezenas são pronunciadas as diferentes letras do alfabeto hebraico.

Conclusão

Visualize diante de você o triângulo composto pelas 10 letras do tetragrama.

```
        י
      ה  י
    ו  ה  י
  ה  ו  ה  י
```

Pronuncie, então, as letras, partindo da base do triângulo:
Iod – Hé – Vav – Hé
Iod – Hé – Vav
Iod – Hé
Iod

Permaneça em silêncio e receptivo alguns instantes, então se levante, apoie o terço e apague a vela, dizendo:
"Que essa luz seja colocada sob o alqueire e continue a brilhar no segredo de meu ser".

O Portal da Iniciação

Hermetismo e religião

As religiões, desde que elas existem, isto é, desde a Antiguidade mais remota, até nossos dias, foram inúmeras e engendraram teologias não menos numerosas. Essas religiões, bem como suas teologias, sempre lutaram entre elas, sem nunca conseguir se escutar e nem mesmo se compreender. Nenhuma delas jamais dominou inteiramente as outras e nem converteu toda a humanidade, apesar de esse objetivo estar incluído em seu ensino, pois cada religião pretende ser diretamente revelada por Deus e dever triunfar um dia sobre toda a Terra.

As religiões jamais conseguiram estabelecer entre elas um acordo, apesar de certa comunhão de ideias que nelas encontramos, e que resulta do fato de que, na maioria das vezes, seus fundadores foram gênios religiosos por enxergarem os mesmos princípios gerais da verdadeira piedade e da verdadeira moralidade, e também porque as concepções religiosas são em número bem restrito. Não vamos estender aqui a questão das doutrinas e do método das diversas religiões, uma vez que esses pontos já foram tratados.

Também não temos de mostrar a divergência profunda que existe hoje entre os dogmas das principais religiões e as concepções modernas sobre o universo, sobre sua estrutura e sobre seus destinos, aos quais estão ligados a vida e os destinos da Humanidade. Esses pontos já foram esclarecidos. O que tem aparecido nitidamente é que a noção de Deus, as relações entre o Mundo e Deus não poderiam mais ser admitidas pela nossa inteligência. A maneira de considerar as coisas da Natureza e as coisas da religião mudou completamente e não poderíamos voltar atrás.

Ora, as religiões não evoluíram em relação aos seus princípios fundamentais e todas conservaram a roupagem mitológica que as torna insuportáveis ao nosso entendimento moderno. Mesmo sob a forma atenuada, simbólica que algumas religiões adotaram, o misticismo fabuloso, o sobrenatural transcendental permanece no ensinamento tradicional como, por exemplo, para a religião Cristã. Isso parece evidente para o Protestantismo, que conservou algumas noções, por meio das quais ele se assemelha ainda à mitologia. Vamos nos contentar em lembrar a unicidade atribuída a Jesus, sua impecabilidade absoluta, pela qual ele se separa da Humanidade, sua filiação especial em relação a Deus, sua ação presente na cena, bem como nos acontecimentos do mundo; enfim, a noção de milagre.

Nenhuma religião rejeitou, portanto, de forma completa, as velhas crenças. O misticismo sempre foi sua base e este se reveste de formas diferentes e contraditórias nas diversas religiões, que continuam a se levantar umas contra as outras, sem buscar sinceramente se associar entre elas. Será que elas poderiam, aliás? Não se pode esquecer, com efeito, que as religiões implicam um meio étnico, nacional e social, no qual elas nasceram e se desenvolveram. É essa incompreensão dos não iniciados que implica sua rivalidade e antagonismo.

As religiões têm sua utilidade como fator de evolução e suas teologias foram desenvolvimentos necessários do ensinamento que se transformava, mas não acontece o mesmo quando as religiões se cristalizam, isto é, congelam e permanecem atrás do movimento que conduz os povos e as civilizações para algo de novo, uma transformação radical de nossas ideias e de nossa ação. O misticismo e a iniciação são os motores de uma evolução sã e tolerante do sagrado, fiador da paz entre os seres.

Vejamos agora, com toda a prudência que esse assunto impõe, qual parece ser a evolução religiosa do pensamento atual e futuro e em até que ponto é permitido esperar que ela realizará um progresso real, um encaminhamento mais rápido entre a razão e a fé, entre a intuição e a experiência, entre o sentimento e a lógica, graças ao que se constituirá uma Religião que não rejeita as aquisições fundamentais da ciência.

Encontramos as bases desse desenvolvimento religioso filosófico e científico na tradição do hermetismo, cuja tradição esotérica continuou e continua através dos séculos, desde uma época tão distante, que pode remontar há alguns milhares de anos. Essa tradição se encontra nos mistérios egípcios, nos ensinamentos iniciáticos da Índia e da Pérsia, bem como na Cabala judaica, que reflete uma parte dos conhecimentos dos pensadores do Oriente.

Essa tradição, apesar das reservas que devemos ter, constitui a verdadeira síntese religiosa, científica, moral e social, pois ela se baseia, ao mesmo tempo, na intuição metafísica, no misticismo naturalista, no raciocínio filosófico e nas conquistas positivas e progressivas da experiência, na exploração e no aprofundamento contínuos no campo ilimitado da Natureza.

Claro, é inegável que a imaginação, muitas vezes fantasiosa, se mesclou à observação, ao pensamento, à contemplação e à pesquisa. Aliás, o mesmo acontece em todos os conhecimentos humanos, que só se constroem lentamente, por meio de um trabalho incessante de crítica e de eliminação. Mas nem por isso o método geral aplicado pelos adeptos do hermetismo deixa de se apoiar na lógica, de escrutar incansavelmente a Natureza sob todas suas formas, e ela jamais abandona o terreno sólido do Mundo, ao qual o homem pertence e de quem ele recebe as influências intelectuais e espirituais.

O hermetismo demonstrou claramente a unidade essencial de todas as religiões e o vínculo que os une sob as diversas aparências dogmáticas, simbólicas e alegóricas. De fato, a explicação esotérica das religiões as reduz a uma base única, que é a Astronomia. Todos os mitos religiosos retraçam o movimento dos planetas, do Sol e das Constelações, mas dando uma aparência humana a essa revelação científica, personificada em um Deus que desceu até nosso globo e encarnou na Humanidade. Esse Deus-homem, nascido no solstício de inverno, morre e depois ressuscita no equinócio da primavera. As teologias acompanharam, com uma variedade de definições alegóricas, e às vezes até mesmo filosóficas, esse culto solar universal. Vamos aqui evocar apenas a introdução do princípio platônico, o Logos na religião cristã, o que deu lugar à construção progressiva do dogma trinitário e outras concepções teológicas.

Não nos estenderemos mais sobre essa matéria bem conhecida hoje pelo público e que foi revelada por vários escritores, desde o surgimento da grande obra de Dupuis, *A Origem de Todos os Cultos*.

A síntese religiosa do hermetismo introduz, portanto, a ciência do Universo em sua explicação positiva dos aparentes mistérios que nos envolvem, e ela não abandona essa via quando recorre aos princípios da Astrologia, da alquimia, da magia e das artes adivinhatórias. A Astrologia estuda as influências dos astros sobre os acontecimentos físicos e orgânicos, sobre a evolução da Terra e da Humanidade, influências reconhecidas hoje novamente pela ciência oficial, que por sua vez afirma, depois de ter caçoado dos antigos, que o Sol, a Lua, os planetas têm uma real ação sobre os seres e suas determinações.

A alquimia é apenas o estudo do transformismo atômico, da transmutação perpétua dos elementos químicos que constituem o Universo todo.

A magia, que compreendia as ciências anteriores, e que estuda especialmente as forças ocultas da Natureza, constituiu, não devemos nos esquecer, a ciência primitiva, e foi dela que saíram a física, a química, o magnetismo, o hipnotismo, o psiquismo, assim como a Astrologia, que saiu do conhecimento dos números, base da matemática, da geometria, da álgebra, etc. É na magia que repousa ainda hoje todo o ritualismo das cerimônias religiosas, bem como a maior parte da liturgia.

Enfim, as artes adivinhatórias se baseiam no determinismo, às vezes previsível por alguns intuitivos associados ao raciocínio, de fenômenos e eventos que formam a trama dos destinos do mundo e dos homens.

Pelo que acabamos de dizer, vemos que o hermetismo constitui o verdadeiro conhecimento religioso que explica os símbolos de várias dessas religiões, e que ele tenta elevar-se acima de todas essas crenças, inspirando-se no espírito puro, livre de todos os dogmatismos contraditórios e autoritários, e todas as lendas que envolvem o sentimento religioso e impedem alcançar o centro Divino, de onde irradia a Luz Eterna, que nenhuma invenção pueril ou má consegue sujar, nenhuma imaginação desavergonhada ou errônea, isto é, preocupada com interesses humanos.

O hermetismo conduz ao que poderíamos chamar "religião universal", que só reconhece o Deus insondável e vivo, outro culto a não ser o culto do Verdadeiro, do Belo e do Bem.

O hermetismo, elevando-se a Deus por meio de um sentimento profundo de fé e de amor, sempre se entregou a uma especulação intelectual muito completa e muito audaciosa de Deus, que ele nunca concebeu como um ser pessoal, como faz a maioria das religiões, mas que ele sempre olhou como o Ser dos seres, a Potência eterna, absoluta, infinita e, portanto, insondável em sua essência, irreconhecível em si mesmo, mas reconhecível por sua manifestação no seio da Natureza, do Cosmos.

Para o hermetismo, Deus e o Mundo são Um, em seu princípio, e não podem ser considerados separadamente, o mundo não podendo ser uma criação no sentido próprio da palavra, mas antes uma emanação, pois o infinito, contendo tudo, encerrando todas as propriedades e todas as possibilidades, contém o finito, produz o ato, encerra a afirmação ao mesmo tempo que a negação – isto é, ele unifica os contrários. Esses contrários só existem, aliás, no pensamento humano. Não existe nenhuma antinomia no seio de Deus.

Simbolicamente, Deus pode ser concebido como o Integral e o mundo como sua derivada ou sua diferencial.

Essa derivada, expansão da Integral, nunca pode ser integrada de uma maneira absoluta e é por isso que o mundo tende para a harmonia, para a perfeição, sem jamais poder encarná-las absolutamente. É isso o que explica a imperfeição do mundo e dos seres em relação a Deus e essa seria a famosa razão daquilo que o Cristianismo chama de queda fatal e necessária, resultante do conhecimento, e que obriga o mundo a perseguir incansavelmente um retorno sempre maior para a fonte, mas sempre aproximativo.

É essa definição simbólica, dada pela análise da alta matemática, que permite considerar Deus como sendo a síntese e o mundo como sendo a substância anárquica, e é essa explicação figurada que possibilita construir o Universo com a ajuda da representação das esferas e das hiperesferas, envolvendo-se e se penetrando reciprocamente, realizando uma unidade sob formas múltiplas, mas no fundo idênticas, a esfera sendo a curva ilimitada traçada pelo infinito, que se fecha sobre si mesmo, para novamente se abrir pela hipérbole, curva que se abre no infinito. É sempre o mesmo e a mesma vida, o infinito absoluto se opondo em um finito, em um espaço e em um tempo que são apenas relativos, em uma imperfeição que desaparece na harmonia do Todo.

É impossível, no plano filosófico como religioso, separar Deus e o mundo, de olhar o mundo como uma criação, isto é, como uma aparição no infinito e na eternidade, como exteriorização voluntária e livre.

Não pode haver criação no seio do infinito e da eternidade que não comporte momento nem começo no tempo, uma vez que o tempo não existe em Deus.

O resultado é que o mundo é consubstancial a Deus, que o limitado é dado pelo ilimitado do qual ele é apenas uma expressão formal.

O mundo ou universo finito, isto é, considerado por nós como terminado, representaria então a oposição do infinito a si mesmo, a oposição que a forma de nosso pensamento nos obriga a admitir, ainda que na realidade não nos seja possível ultrapassar aqui o campo das hipóteses. As antinomias, Kant provou isso magistralmente em sua *Crítica da Razão Pura*, só dependem da forma de nosso conhecimento, de nosso entendimento. Somos, portanto, obrigados a nos submeter a essa lei da razão humana, mas sempre precisamos lembrar que esses princípios são válidos apenas para nossa própria mentalidade, caso não possuam um sentido absoluto.

Sendo assim, o símbolo matemático da integral e da derivada é de um uso cômodo e fecundo nessa circunstância. A derivada é indefinida, mas não infinita, e não se confunde com o infinito, para o qual ela tende pela integração e da qual ela de alguma forma saiu.

O mundo – considerado assim como a emanação eterna de Deus – não é, portanto, perfeito. Ele se distancia, se afasta do absoluto, se diferencia dele por derivadas sucessivas, que são as causas secundárias. Desse estado de imperfeição, de individualização, de separação e de divisão provém o que chamamos, de uma maneira relativa, o mal e o sofrimento. Por outro lado, o mundo, que encerra em si o princípio divino, aspira continuamente a voltar a si e a se unir ao absoluto. O corpo de Deus, constituído pela emanação original, quer e deve formar uma unidade com o espírito que lhe dá origem e é por isso que ele é animado de um movimento de evolução que o leva a buscar e a encontrar a reintegração, do qual foi distanciado pelo desvio.

Esse desvio constitui o que as religiões bíblicas chamaram "a queda", como já tínhamos dito, mas essa queda não é imputável a um pecado e ela não é um mal. Ela é o efeito da constituição mesma de Deus. Ela resulta de sua própria natureza, de sua potência absoluta, infinita e eterna, que anima todos os seres e os reconduz incessantemente a ela, por meio dos estados sucessivos que formam o desenvolvimento da consciência através da vida. É o próprio Deus que a consciência encontra no mais profundo dela mesma, quando é purificada, e o duplo movimento aparente de queda e de uma redenção não faz senão uma realidade. É uma pulsação, é um sopro contínuo de exalação e de aspiração.

A religião revelada pelo hermetismo consiste então, como se vê, em uma maneira "intelectual" e moral de pensar o mundo e de viver, a fim de efetuar o retorno a Deus, princípio vivo da unidade e da identidade de todo ser e de toda coisa única, uma vez que Deus é o espírito animador do cosmos, que realiza seu organismo, seu corpo visível e invisível. A marcha ascendente consiste em uma evolução do particular para o universal, do limitado para o ilimitado, do finito para o infinito, do relativo para o absoluto, do determinado para o indeterminado, do imperfeito para a harmonia, da derivada para a integral. O movimento derivativo ou diferencial da desintegração constitui o movimento de involução. As duas oscilações do ser são eternas e simultâneas. A contemplação tranquila nos traz assim o conhecimento científico e o filosófico e moral em uma síntese positiva, lógica e racional, que não exclui nenhum atributo de nosso ser, nenhuma qualidade de nossa inteligência ou de nossa alma que se banha na alma divina e universal da Natureza, esposa e filha de Deus. Essa contemplação, ao iluminar nosso espírito, o une ao espírito da fonte eterna, de onde provém, e essa união mergulha todos aqueles que o alcançam no inefável encantamento de amor e de adoração, pois a mais alta especulação intelectual grave, serena, mas não austera, se reveste de uma poesia sublime e sagrada, que inspira e transfigura os grandes místicos do pensamento e os gênios imortais, para quem as barreiras do tempo e do espaço desaparecem diante da revelação da verdade conquistada.

Todos, enquanto estivermos no imenso universo, nas inumeráveis terras onde vivemos, onde buscamos e onde morremos, somos chamados à serenidade e ao saber, pois somos solidários uns com os outros e o mesmo ser reside em cada um de nós. Será que convém fixar de uma maneira definitiva e com marcas fixas as regras de conduta que permitem que consigamos nos livrar das correntes que nos mantêm prisioneiros e que nos impedem de subir até os cumes que entrevemos? Será que devemos, a exemplo das religiões, conformar a existência às leis do código moral imutável e congelar a vida em uma atitude única, limitá-la por uma disciplina rígida?

Não. As almas e os espíritos não são todos feitos na mesma forma, e a maneira de ver e de considerar as coisas varia com os indivíduos. Não aconselharemos, contudo, o ascetismo, como fazem várias grandes religiões e alguns sistemas filosóficos, que consideram a vida como essencialmente má ou como radicalmente viciada por um pecado original e que não encontra salvação senão no abandono de todas as satisfações terrestres e de todos os esforços intelectuais e artísticos, resultando assim em um pessimismo não menos falso do que o otimismo beato e em uma negação, mais ou menos total, do Mundo.

Nada autoriza a considerar a vida como um erro ou até mesmo como o resultado de uma falta pré-humana, que só pode ser resgatada por um contínuo castigo, por um sofrimento voluntário, que tem como efeito destruir todo desejo, toda paixão, e conduzir à destruição da personalidade, da individualidade. A prática do ascetismo, cansando o corpo por meio das privações, provoca simultaneamente a fraqueza da alma e da inteligência, abrindo assim a porta para as doenças físicas e mentais, das quais nos dão exemplos as biografias dos místicos que pertencem às diversas religiões e seitas.

Lembremo-nos de que o Buda Chakya-Muni não atingiu o conhecimento perfeito, senão após ter renunciado ao ascetismo, que o deprimia, e que Jesus de Nazaré, não mais que Zoroastro e Maomé, não aconselhava nem praticava o ascetismo.

Não se trata de suprimir em nós a energia vital, mas de equilibrá-la, de torná-la rítmica, isto é, harmoniosa, por meio de uma disciplina forte e constante. Trata-se de suprimir progressivamente o egoísmo exagerado, manifestação da força centrípeta que dá origem às paixões desordenadas, aos abusos de toda espécie e de convertê-los em um princípio regulador, moderador, suscetível de ordenar o ser à imagem da ordem divina que emana em nós, fonte do altruísmo e da abnegação.

É impossível nesta Terra vencer inteiramente o egoísmo, que é o eixo da vida individual e determinada. E, se um semelhante resultado fosse alcançado, nosso ser cairia no vazio absoluto, na inconsciência total, pois todo estado de consciência está ligado a uma forma mais ou menos alta e larga do eu. O próprio Deus não pode ser concebido como a negação da consciência, senão pessoal, o que significaria antropomorfizá-lo, pelo menos de uma consciência de um grau que vai até o infinito. O infinito inconsciente equivaleria ao nada.

Aliás, o ascetismo mais radical não despoja o ser de toda consciência nem de todo desejo, pois os ascetas morrem para o mundo dos sentidos para adquirirem os esplendores e as volúpias inefáveis do mundo celeste. Portanto, ele não nega a vida, mas apenas certa forma de vida. E é somente em relação à vida sobrenatural que a presente vida é considerada como má. Ela é o nada diante da existência divina, como a vida divina é nada diante da vida corpórea. É apenas uma maneira espiritual de conceber duas formas opostas da vida, vida idêntica em sua essência.

Mas, como acabamos de dizer, o ascetismo é um exagero da alma, cujo progresso ele entrava, contrariamente ao objetivo que se propõe. Não se trata de buscar a dor e suprimir todo desejo e toda paixão. Trata-se, vamos repetir, de ordenar a vida de acordo com a ordem divina universal, de atrair para si a Luz, a bondade, a firmeza e a justiça e irradiar em torno de si essas diversas qualidades. É preciso transmutar os valores morais, a fim de realizar um mundo melhor, mais elevado do que o nosso, e é somente pela evolução de nossas consciências e de nossas almas que chegaremos a edificar o reino de Deus na Terra e em outro lugar, por meio, sem dúvida, de vidas sucessivas, que nós conduziremos muito mais a cada vez, e pelos esforços repetidos, para o objetivo cada vez mais claro e visível para os nossos olhos.

Não queimemos as etapas rápido demais. Uma corrida rápida só é permitida aos mais valentes, mas, fora os heróis, às vezes temerários, existem incontáveis homens, cujo vigor intelectual e moral não poderia afrontar terríveis combates com o dragão que nos devora, caso não o matemos. Não poderíamos exigir dessa multidão que abandone, sem ideia de retorno, as alegrias comuns e necessárias da existência cotidiana. Sem falar do ascetismo, que se estima inútil e perigoso, é claro que a mudança completa de existência não poderia ser efetuada pela massa dos indivíduos e que a moral consiste para eles na busca de um equilíbrio harmonioso de suas necessidades instintivas e de suas paixões diversas, no trabalho paciente, graças ao qual eles se elevarão e constituirão um mundo superior, da mais alta dignidade.

Evidentemente, não é sob a forma terrestre que atingiremos o infinito, o absoluto, nem a felicidade eterna, mas isso não significa que o infinito seja a negação da vida, da consciência, da inteligência e do amor, que tudo seja nada em relação a Deus.

Para a religião, ao mesmo tempo metafísica e científica, que considera Deus e o mundo como as duas faces de um único e mesmo ser, a perfeição suprema consiste em uma união estreita e consentida, mas jamais absoluta, entre os dois princípios em que um é o centro irreconhecível e o outro é o círculo do ilimitado e do indefinido que traça a curva eterna em volta do ponto do qual procede e que o constitui.

O ritual iniciático

Assim como todas as religiões, todas as Iniciações comportam um ritual mais ou menos extenso que, em todas, oferece curiosos pontos de semelhança. Agrupamentos modernos que não compreenderam qual é a importância dessa parte da vida iniciática, acreditaram que era bom suprimir os rituais. Eles cometeram, sem querer, um erro, cuja gravidade aparecerá quando eles tiverem compreendido o que é uma Iniciação verdadeira. É de se temer que essa eventualidade se produza bem rapidamente.

Aqueles que fizeram essa revolução e imaginam que assim avançaram muito, simplesmente desconheceram um dos pontos essenciais das leis que regem qualquer agrupamento religioso ou iniciático. Esses agrupamentos devem comportar um ensinamento e ritos. Se tivessem apenas ritos inexplicados, correriam o risco de rapidamente se tornarem superstições, como aconteceu com a feitiçaria rudimentar que utiliza, sem compreender, fórmulas que têm seu valor e sua força, mas que é empregada a torto e a direito, por não saber interpretá-la. Mas, se esse agrupamento se contenta com um ensinamento mais ou menos dogmático, ele deveria se limitar a ser uma filosofia, pois é o conjunto dos ritos e dos símbolos que une o visível ao invisível.

O exoterismo se contenta em ver esses ritos e esses símbolos, em encontrá-los na 1ª cadeia das eras, sem lhe pedir seu segredo, mas a Iniciação é mais exigente. Ela utiliza esses símbolos e esses ritos como eles lhe foram transmitidos pelas Iniciações mães, sabendo pela tradição oral como e por que, por qual força velada, eles expressam o mundo das Forças superiores, os meios de alcançá-las e de obter seu apoio. É por isso que nenhuma força é indiferente, nenhum ritmo é sem repercussão. E não é um dos menores arcanos que revela a seus discípulos a Iniciação ocidental.

Não devemos aqui revelar o ritual iniciático que um dia você poderá viver. É preciso dizer que a parte ritual da Iniciação não se apresenta aos espíritos avisados como um luxo supérfluo, como uma espécie de fantasia decorativa destinada a chocar as imaginações. Nenhum rito foi criado com esse objetivo em nenhum lugar do mundo ou, se esses fatos aconteceram, a eficácia dos atos realizados nesse pensamento se voltou contra seus autores.

Seja qual for o agrupamento, quaisquer que sejam suas tendências e suas origens, o ritual, sempre necessário, é suficientemente belo para encantar os olhos e para atingir os corações, tanto melhor. A emoção que pode assim nascer é propícia ao entusiasmo que deve irradiar de todo acesso a um grau superior, mas ela não é o objetivo do rito em sua essência, é apenas um meio de unir o visível e o invisível por meios cujo conhecimento atravessou os séculos.

É evidente – e isso responde a uma objeção muitas vezes formulada – que os ritos mais magníficos e os mais sábios param no limite do divino, e que não podemos esperar modificar as leis essenciais, mas é preciso, para conceber essa louca esperança, uma ingenuidade sublime, que só é permitida à infância. Mas se o homem, e especialmente o iniciado, não aspira mudar as leis das coisas, pode ser – e esse é o objetivo dos ritos – que essas leis se deixem penetrar por ele e que os ritos que ele realiza e os ritmos dos quais se serve se mesclem a essas leis superiores, permitindo-lhe utilizá-los quando sua ação lhes é conforme. A mesma maneira, se quisermos fazer uma comparação banal, tomaríamos a velocidade de um veículo amarrando-se a ele quando nosso trajeto é idêntico ao seu.

Os gestos rituais foram escolhidos não apenas porque eram harmoniosos e estéticos, mas também porque exprimiam, na opinião daqueles que olhavam mais longe do que seus olhos poderiam alcançar, verdades, leis, fórmulas, que não devem cair no domínio público, porque elas têm uma ação, um valor que poderiam torná-las perigosas nas mãos inexperientes e às vezes interessadas do primeiro que aparecesse. É, portanto, justo e legítimo que esses ritos, e os ritmos que eles representam, sejam a propriedade exclusiva daqueles que podem compreendê-los e que deles farão um bom uso.

Se considerássemos os ritos com um olhar informado e sagaz, aprenderíamos uma infinidade de coisas úteis, suscetíveis de interessar o homem social e de apaixonar o filósofo, mas o que mais fizemos foi zombar e não nos instruir, e vemos as antigas sociedades, que outrora foram iniciáticas, renunciarem ao seu ritual, sob o pretexto de se modernizarem, o que equivale, sem que se deem conta, a decapitação a si mesmas, para não precisarem comprar chapéus.

E, contudo, se esses pretensos iniciados olhassem o passado, eles constatariam o que já sabiam os seus antecessores, que toda iniciação teve suas cerimônias públicas ou secretas e que essas cerimônias apresentavam um interesse científico, uma vez que algumas deixaram traços bem evidentes, já que os ritos funerários realizados para ligar uma força mágica aos restos mumificados egípcios às vezes causam desastres. É, portanto, necessário, se quisermos realizar, de certa maneira, atividades ocultas, inclinarmo-nos a essa lei, que não sofre exceções ou que sofre tão pouco, que confirmam a regra, assim como se diz da gramática. E, no entanto, as Forças fluídicas são, sob certo ponto de vista, submetidas à vontade do Homem. Mas ainda é necessário que ele aja da maneira que convém. E isso não é mais surpreendente do que a impossibilidade em que nos encontramos de desenvolver fotografias em plena luz.

Entre as formas mais frequentes do ritual iniciático, existem duas que você encontrará realizadas nas iniciações, assim como a tradição hermetista as transmitiu. Uma trata do chamado das Forças superiores, que sempre vieram ajudá-lo na realização de sua busca. Algumas formas de prece correspondem a essa utilidade. A outra é a formação do vínculo que une em um único corpo todos os iniciados do mesmo grau e os liga ao corpo completo da Iniciação escolhida.

Foi outrora um lugar comum dizer que a prece não é nem poderia ser de qualquer utilidade. A divindade – se ela existe – como diziam os céticos, está demasiado distante de nós para ouvir, demasiado superior para se emocionar com nossas lamentações, demasiado absoluta para fazer ceder as disposições de suas Leis às nossas súplicas.

Todavia, para aqueles que as palavras não contentam e que exigem que tenham um sentido, esse propósito não corresponde a nenhuma realidade. Claro, eles sabiam que Deus está infinitamente acima do homem, e não imaginavam que cada um, segundo sua utilidade pessoal, poderia fazer chover sobre seu jardim e gear no do vizinho ao lado. É até mesmo excelente que as coisas caminhem assim, pois se devemos fazer o nosso possível para sermos perfeitos, devemos convir que estamos longe e que há mais egoístas e seres vingativos do que seres perfeitamente bons.

Para que o trabalho interior tenha seu máximo de eficácia, é bom que ele se apoie na força efetiva dos ritos. É por isso que todas as religiões, mesmo aquelas que consideramos como primitivas e algumas das quais guardam os traços de uma iniciação muito antiga e ainda maravilhosa, até mesmo aquelas que se acreditam livres do que elas chamam impropriamente superstição, todas têm seu ritual, mais ou menos simples ou complicado, mas absolutamente inseparável do pensamento de religião.

Não vemos isso nas festas que os livre-pensadores mais isentos, no que eles acreditam, nas antigas fórmulas rituais, se reúnem em data fixa, para realizar os mesmo gestos, nem que seja um simples jantar? É justamente essa propriedade dos gestos e das datas que constitui o ritual. Mas os livre-pensadores mais materialistas compreendem obscuramente que isso não bastaria para criar o que eles chamam "um ambiente", aquilo de que falávamos. Eles recorrem à eloquência, à música, à dança, às palavras mágicas e aos gestos de reconhecimento. Em resumo, eles retomam para mostrar que aboliram os ritos a verdadeira fórmula destes: eles criam uma religião antirreligiosa.

Isso não deixa de ser interessante e nos aparece como absoluta demonstração desse antigo axioma: "O homem é um animal religioso". Ele é tão religioso que todos seus esforços se revestem da mesma forma religiosa, assim que ele lhes dá uma grande importância. O único erro que essas manifestações especiais sofrem é que os ritos inventados pelos promotores dessas festas novas são reunidos sem muita lógica e só por sorte chegam ao ritmo que lhes daria uma força mais absoluta, ritmo que depende dos números e das forças, conhecido pelo homem desde os tempos pré-históricos, talvez por revelação direta – e que desde então não mudaram.

Pois, desde a pré-história, o homem compreendeu que ele não deveria contar apenas com sua força física para combater os perigos que o envolviam, ou para se tornar senhor de uma presa que ele desejava.

Então ele apelou para as forças invisíveis, forças cujos sentidos apurados pelas necessidades de uma luta constante lhe faziam conhecer a presença e que só vinham ajudá-lo se, sempre pelos mesmos atos realizados em determinadas horas, em condições idênticas, se tornavam favoráveis.

Consideremos a principal preocupação do homem primitivo: a caça. Esta não dá apenas o alimento cotidiano, mas livra o clã dos formidáveis inimigos que povoam a floresta vizinha. As flechas, que atingirão ao longe os animais ágeis, carregam a efígie desses animais, como se, aos representá-los na arma voadora, os atingisse com mais certeza. Os animais ágeis são medrosos e pouco perigosos; aquele que é temível é aquele que ataca o homem: o urso, em particular, cujo comportamento tem algo de humano e que na luta prende seu adversário com suas patas dianteiras, como se fosse abraçá-lo. O urso é tão protegido por sua espessa pele, que a flecha é ineficaz contra ele. No tempo em que o homem ainda não tinha dominado os metais, somente a lança podia protegê-lo, e a luta era desigual. É preciso, então, fazer intervir as Potências externas. É preciso, de longe, com a ajuda das forças invisíveis, atacar o animal feroz, para que ele já esteja meio vencido quando o caçador o atingir.

O que farão então os homens no segredo das cavernas? Farão exatamente o que ainda fazem hoje os povos que não perderam essa sensibilidade. Em primeiro lugar, erguerão em direção ao céu, repleto de astros, a criatura maravilhosa que os defende das emboscadas da noite: o fogo. Em seguida, retirados no segredo de uma rocha profunda, onde ninguém penetra, nem mesmo a luz do dia, eles invocarão presenças desconhecidas, depois se reunirão em volta de uma efígie de um urso moldado na argila, assim como as encontradas nas cavernas mais antigas, mas a quem, para uma maior verossimilhança, escultores, talvez não muito seguros de sua técnica, colocaram uma verdadeira cabeça de urso. Ali, se animando com seus gritos, com seus cantos, eles cercam o enorme animal, o golpeiam nos lugares em que a ferida é mortal, têm certeza de que o atingiram.

Caso fossem racionalistas, eles se contentariam em golpear cada um por sua vez, como em uma manifestação esportiva, mas é justamente o que eles não fazem. Eles executam gestos particulares, nos quais o ritmo tem sua ação que lhe é particular. A prova disso está nas marcas alternadas de pontas e de calcanhares que os dançarinos deixaram na argila, hoje endurecida pelos séculos, que as guardaram como em um molde. Eles dançaram, cantaram, como fazem hoje alguns caçadores da

Austrália. Eles realizam atos aparentemente inúteis, supérfluos, supersticiosos. Fizeram o melhor que podiam para ligar seu ritmo a algum ritmo consciente e cósmico. E esse, em toda religião, é o poder dos ritos; esse é seu objetivo, muitas vezes alcançado. É interessante observar que ritos iniciáticos ligados a essas origens continuam existindo ainda hoje.

Além do mais, eles realizaram esses ritos em segredo, e os realizaram juntos. Cada um poderia ter pintado em sua caverna, ou ter feito um artista hábil em dar vida às imagens pintar nas paredes dessas mesmas cavernas o animal que ele queria golpear e, então, poderia passar o dia todo treinando como golpear o inimigo, se só quisermos ver nisso uma espécie de diversão. Mas não é bem assim. Os casos particulares não contêm vestígios desses ritos. Somente a caverna com dois espaços, o do sacerdote, o do chefe – na maioria das vezes é a mesma pessoa, nesse tempo em que os poderes ainda não eram especializados – contém uma espécie de Templo onde são feitas as cerimônias. Logo depois, o agrupamento dos iniciados toma ares de sociedade secreta.

É fácil compreender a utilidade do segredo. Naturalmente, uma vez que se detém uma força milagrosa, não se pode dá-la ao primeiro que aparece. Este tem, aliás, seus deuses, que podem ser bem contrários aos que o clã venera. A partir do momento que é um estranho, ele é suspeito só por isso. O adágio *Hospes, hostis* é bem anterior às civilizações etrusca e romana, que o transmitiram. É preciso estar entre os seus para evocar os deuses. Também é preciso que sejam vários e nunca ninguém duvidou dessa necessidade.

Um homem sozinho, um iniciado, uma mulher que chegou ao topo da evolução, a saga e a druidesa podem orar no silêncio e no recolhimento de seu coração, eles sabem. Mas o iniciado, que ainda busca saber que, ao se reunir aos seus Irmãos, ele cria, com a união de suas forças, um Ser de Razão, uma Força Múltipla e Una. Essa força é a alma coletiva do agrupamento, ela demora a se formar quando nada se faz para ajudá-la, mas se os diretores desse grupo são verdadeiros iniciados, eles sabem que ritos apropriados dão mais força e coesão a essa energia coletiva.

Já mostramos que os ritos eram coisa antiga e sagrada, mas é importante dizer que, sob uma forma cada vez mais bela e mais pura, eles sempre fizeram parte de todas as Iniciações. Se os considerarmos em sua realidade estrita e material, muitas vezes eles são coisas bem pequenas. Toda a Grécia, o mundo antigo, inclinou-se diante do bastão de Baco e a peneira de Demeter. O que tinha, então, de tão extraordinário nesse bastão envolto de hera flutuante, nessa peneira de vime, que servia para uso doméstico? Nada, se assim quisermos. Existem pessoas que não sabem ver senão formas sem vida e cujos olhos de carne não poderiam entrar em comunicação com sua alma ainda entorpecida e escondida na matéria.

Mas se quisermos ir mais longe do que as aparências, esses dois símbolos sagrados merecem uma admiração, uma veneração, da qual o mundo antigo não desistiu. Esse bastão era o pensamento constante e firme do iniciado superior sob o véu das alegorias. Daí vem o antigo provérbio: "Muitos carregam o bastão e poucos são inspirados". Muitos, com efeito, veem formas, poucos compreendem sua linguagem. Muitos, entre aqueles que poderiam compreender, esperam tudo da inspiração, como se nunca devessem fazer algo por si mesmos. É preciso, se quisermos receber inspirações verdadeiras, nos tornarmos dignos por meio de um trabalho constante e purificador. É isso o que significa a peneira. Assim como ela serve para limpar o grão de sua gluma, da mesma forma o trabalho e a dor liberam a alma da matéria e a colocam em condição de se aproximar da Divindade, que ela busca como seu verdadeiro objetivo, sua verdadeira razão de ser. Não pertence a cada um carregar esse objeto sagrado. É preciso ser perfeitamente puro ou ter se tornado puro pela dor aceita, tanto quanto pelos ritos necessários. É por isso que somente o hierofante e as virgens poderiam segurá-lo em suas mãos.

Entre as mulheres que já bordaram, muitas acharam que essa ocupação era sem alegria. Mas, quando se trata de bordar um objeto para um ser querido ou, para aquelas que eram religiosas, para a igreja ou para a capela, o tédio desse lento trabalho se transformava em paciente alegria, pois cada ponto era uma confissão ou uma prece. O mesmo acontece com os tecidos que serviam aos ritos iniciáticos. Claro, o véu de Palas, que era a cada ano bordado pelas virgens escolhidas em Atenas, era um vasto bordado, carregado de detalhes simbólicos, em que cada traço tinha um sentido e merecia assim uma grande atenção. Uma vigilância rígida era exercida sobre as jovens, por causa da necessária exatidão das formas e das cores. E até mesmo, tanto era sagrado o rito realizado por seus dedos, que elas eram submetidas a um regime especial, que as mantinha em pureza física. Mas quando era chegado o dia das Grandes Panateneias, as bordadeiras brilhavam de alegria, pois o véu que brilhava sob o encantamento do Sol, esse véu, que era a oferenda da Cidade daquilo que ela tinha de mais puro, era para o futuro uma fonte de força e de alegria, uma segurança para essa Cidade feliz em que a Sabedoria eterna era a alma coletiva de um povo.

Os gestos do ritual iniciático têm repercussões nos planos mais secretos de nossa atmosfera cósmica. É que o gesto projeta no espaço, muito mais longe do que nossos olhares, e nem nossos pensamentos podem segui-los, a vontade e a alma daquele que o realiza. O iniciado sabe que o gesto, que materializa o pensamento, lhe dá um começo de realização. É, portanto, com um fervor profundo que ele se instrui nos gestos rituais que lhe darão uma potência cada vez maior na arte de curar, uma vez que ele irá pedir às Forças superiores, que as detêm e que podem distribuí-las na medida de sua necessidade.

Vemos que o rito, ação do símbolo e do Número, está longe de ser uma ação sem alcance, animada apenas pelo desejo de criar uma bela forma. Para se contentar com semelhante explicação, é preciso acreditar que, sempre, os mais sábios espíritos, aqueles a quem a Humanidade deve suas mais maravilhosas descobertas, foram apenas iluminados ou impostores. Significa olhar as coisas de uma maneira que, de tanto querer ser lúcida, se torna tão simplista, que isso não merece discussão.

Que um espírito como o de Moisés, que modelou um povo inteiro de acordo com um alto ideal e que ainda permanece, que esse mesmo legislador tenha perdido seu tempo a regrar a cor e a forma das vestimentas sagradas e a composição dos bálsamos, isso deveria bastar para nos provar que não se tratava de detalhes sem importância, mas de ações de um poderoso interesse e que nenhum detalhe deveria ser abandonado ao acaso. Diremos o mesmo de todos os grandes iniciados do mundo antigo e moderno. Se Pitágoras fixou o número dos convidados para as refeições fraternas, se ele oferece o cardápio, se escolheu para seus adeptos sinais de reconhecimento, é porque esse grande espírito via ali algo mais do que o aborrecimento de serem 13 em uma mesa.

O que às vezes parece estranho sempre tem uma razão de ser e, se nós estudarmos os ritos, em vez de rejeitarmos aquilo que não compreendemos, entenderemos os ensinamentos que são transmitidos para o advento de uma Humanidade melhor.

Anexos

A queda da alma

Existe um problema mais patético do que o da queda da alma humana na prisão da carne?

Esse enigma interessa a cada um de nós, pois todo homem participa, por sua vez, pelo milagre de sua dupla natureza, desse drama já descrito pelos Órficos, seis séculos antes de nossa era: *"Sôma Sêma"*, diziam eles. "O corpo é um túmulo..." (*Platão: Górgias, 493, a; Fédon, 62, b; Crátilo, 400, c; Plotino: Enéade IV, 8, 1; Filolau: Frag. 15, d; Philosaphoumena: V, 25*).

Foi principalmente o pitagórico Empédocles de Agrigento que nos deixou sobre esse ponto de vivas luzes.

Em seus poemas místicos, ele deixou transparecer inúmeros elementos da Doutrina secreta da Ordem, e nos fez assim confidências de uma precisão surpreendente.

Ainda que só nos reste alguns fragmentos esparsos de suas obras, eles são suficientemente eloquentes para nos trazer um corpo concreto de doutrinas de um doloroso realismo.

Eis um trecho particularmente sugestivo de seus *Katharmoi* ou Purificações: "De que honras, de que nível de felicidade, eu caí – diz a alma humana – para errar aqui na Terra, entre os mortais, presa na matéria. Eu chorava e me lamentava, quando me vi diante de uma paisagem que me era familiar. A Divindade me tinha revestido com um estranho envelope de carne" (*Fragmentos 118, 119 e 125*).

"Sim, nós caímos sob esta caverna..." dirão ainda Empédocles (*Frag. 120*), Porfírio (*De Antro Nympharum, 8*) e Plotino (*Enéade IV, 8 e 4*) ao falarem do destino das almas encarnadas em nosso globo. Pois o horizonte estreito das realidades terrestres deve parecer bem terno e bem irrisório para aquelas, quando ele substitui, para elas, a visão radiante, das imensas regiões celestes...

Essa alma, que desce das regiões bem-aventuradas para as sombrias estadias onde sofrem os homens, é, no entanto, imortal: "Ela difere da vida, diz Diógenes Laércio (*Dio. L.: VIII, 8*), porque ela é uma parcela de um elemento imortal; ela é, portanto, imortal". Sua prova será portanto limitada à sua experiência carnal.

No momento de sua queda, a alma – que perdeu suas asas – teve de beber "uma poção do esquecimento", afirma Macróbio, em seu Sonho de Cipião (*I, 12*). Sinésias diz a mesma coisa em seu Tratado sobre os Sonhos (*5*).

Ela esquecerá, portanto, a maioria das realidades superiores às quais foi associada. Mas esse esquecimento não será absoluto. Ela sempre terá a nostalgia de sua origem, e guardará sempre nela uma misteriosa imantação, que a manterá permanentemente dirigida para o Céu, em um desejo ardente de reencontrar sua Pátria celeste. Platão deixa claro em Fédon (*XXVII*) que a alma, caída na carne, se assemelha um pouco ao homem bêbado, ao qual seu estado de embriaguez faz perder a lembrança exata de sua dignidade e de sua posição verdadeiras.

Em sua 4ª Enéade, Plotino (*VIII, 4*) nos descreve exatamente a vida das almas presas: "Elas vivem, então, fatalmente, uma vida anfíbia", diz ele; "divididas entre as coisas do Alto e as coisas daqui; as mais inclinadas à inteligência vivem muito mais no mundo espiritual, ao passo que as mais absorvidas pelas preocupações terrestres são precisamente aquelas que sua natureza ou os acidentes da vida desviam dos pensamentos intelectuais."

Todas as almas não têm, portanto, um mesmo conhecimento de seu Estado. Assim caída e obscurecida, a alma se tornou pesada e cheia de esquecimento e de maldade; ela vegeta em uma atmosfera dolorosa para ela e que lhe é inabitual.

Mas por que chamar essa queda de Nascimento? É preciso se mostrar prudente com os termos e exato com as denominações em semelhante matéria! Não pode ser um início, uma origem, uma vez que é uma simples mudança de estado, uma modificação passageira, imposta a um ser já existente, uma roupagem momentânea, imposta pelo Destino.

Aqui, mais uma vez, é Empédocles que nos falará sem equívoco e que dirá seu fato aos ignorantes, que só sabem citar os termos início, fim, nascimento: "Insensatos", ele grita em seu *Péri Physéôs (Frag. 11-12)*, "todos aqueles, desprovidos de pensamentos amplos, que ainda imaginam que aquilo que não era antes poderia chegar bruscamente à existência ou que algo poderia desaparecer ou sofrer a mínima destruição. Pois é impossível que nada possa nascer de nada, e também é impossível e estranho que aquilo que já existe possa desaparecer um dia, pois se existe, existirá sempre, em qualquer lugar que o coloquemos."

E dirá mais adiante (*Frag. 8*): "E direi mais alguma coisa. Não existe nem entrada na existência, nem morte verdadeira. Existe apenas uma mescla e uma mudança daquilo que foi mesclado. Nascimento é apenas um nome, dado a esse fato pelos homens".

Esta é a doutrina do pitagorismo, do platonismo, do neoplatonismo e da maioria das correntes hermetistas.

O nascimento aqui é, portanto, apenas um acidente entre tantos outros, na história de nossa alma. Imortal como os Deuses, ela é, como eles, indestrutível. Sua queda na esfera desse mundo "sublunar" é apenas um dos avatares obrigatórios, uma viagem passageira "na zona da adversidade".

Tudo isso é desejado, está escrito e faz parte de um plano misterioso, de um ritmo imenso e de uma troca permanente entre todos os mundos, impostos por uma organização eterna.

"Uma alma, que viveu longos dias, se sujou ou seguiu os impulsos do ódio ou cometeu o crime dos perjúrios, deverá errar por milhares de anos longe das casas dos Bem-aventurados", diz Empédocles, em seu *Kathamoi (Frag. 115)*. "Ela nascerá sem parar, ao longo do tempo, sob formas mortais e mudará doloroso caminho de vida por outro. Um elemento a recebe do outro, e todos a rejeitam..."

E o poeta acrescenta, com arrependimento: "Eu sou, infelizmente, um desses, um banido, um fugitivo da morada dos Deuses, um brinquedo da Discórdia insensata...".

Essa é a causa secreta desses sucessivos avatares, dessa provas repetidas.

Pois as almas, ainda que associadas aos coros celestes, são inegavelmente perfeitas. Umas querem descer sobre a Terra, unicamente por altruísmo, por ideal, por bondade, por sacrifício, para garantir a salvação dos homens, para colaborar com a perfeição do Universo. Plotino dá a entender em uma de suas passagens (*Enéade, IV, 8, 5*).

Mas outras são afastadas de suas companheiras por certo tempo, a fim de sofrer o castigo de erros anteriores e de ter assim a possibilidade de evoluir para o Bem. Esta é a teoria que Orígenes dá a Celso (*Contra Celso, VIII, 52*). Plutarco nos oferece interessantes esclarecimentos sobre esse ponto (*Da Manducação das Carnes, I, 7*): "Em outras encarnações", ele diz, "as almas se sujaram, quando deixaram seus corpos se alimentarem com carnes, e atentaram, assim, contra o princípio da Vida." Ou então, elas se deixaram seduzir pelos apetites dos sentidos e pela tirania da matéria. Será preciso então que toda uma cadeia de dores lhes demonstre seus erros, os reconduza à Verdade, lhes dê consciência de seu estado e as devolva à sua pureza original.

"O destino da alma irá variar de uma encarnação para a outra", diz Luciano (*De Vita, Auct, 5*).

Ao vir para a Terra, as almas atravessaram várias atmosferas estelares; cada uma dela tomou emprestada uma roupagem apropriada; ao chegar sobre a Terra, as almas se vestiram então de envelopes etéreos, sutis, de naturezas diversas, que deverão restituir, depois da morte física, aos diversos astros dos quais tomaram emprestado, ensina Macróbio, em o *Sonho de Cipião* (*I, 10 e República de Platão X, 621 D*).

Algumas experiências do Comandante de Rochas, de H. Durville e do cônego Lancelin, sobre a exteriorização da sensibilidade e do desdobramento dos elementos constitutivos da alma, parecem dar à teoria de Macróbio a consagração da experiência.

Uma tradição pitagórica bastante conhecida, que Numênio de Apameia nos conservou (*citado por Proclus, in Rempubl. II*) diz até mesmo quais são as portas do Céu: pela de Câncer, as almas descem sobre a Terra; pela de Capricórnio, elas sobem para o radiante Éter.

Em "O Antro das Ninfas", Porfírio (*De Antr. Nymph, 22*) tem uma opinião semelhante.

Em seu magnífico trabalho sobre a Basílica Pitagórica da Porta Maior, Carcopino assinala (*La Basilique Pythagoricienne de La Porte Majeure, p. 370-371*), não sem razão, que a hipótese de Porfírio foi adotada pelos construtores desse monumento indestrutível.

Seja como for, a alma é múltipla no momento de sua chegada sobre a Terra, e será múltipla também no momento da morte física, que é apenas uma nova modificação de estado; uma subida após uma descida e uma estadia na carne; uma dissociação de elementos múltiplos, após sua passageira conjugação; um despojamento sucessivo de seus diversos envelopes astrais, para restituir um dia a própria alma, nua, mas purificada, ao mundo dos Bem-aventurados, de onde ela se originou.

Em seu "Tratado sobre a Música", Aristide Quintiliano nos dá um ensinamento idêntico (*De Musica, III*). E Diógenes Laércio, ao nos relatar o ensinamento pitagórico autêntico, acrescenta ainda (*VIII, 31-32*): "A atmosfera é, inteiramente, repleta de almas. Elas erram através dos ares".

E Hermes é seu intendente. É por isso que lhe damos os nomes de "Transportador" ou de "Guardião do Limiar", ou de "Terreno", porque ele é o "Psicopompo" ou "Condutor das Almas", pois ele as retira dos corpos da Terra e do mar. Também é ele que conduz as almas puras para o mais alto dos Céus (To Hypsiston) e que as separa das almas impuras.

A Tradição quer, diz ainda Diógenes Laércio em outra passagem (*L. VIII, 14*), que seja Pitágoras o primeiro a ter descoberto a migração da alma: esta, ao descrever um círculo segundo a decisão do Destino, passa de um ser para outro, para ali se ligar...

Pois é sobre nosso globo que se encontra a prisão do corpo, o vale das lágrimas, a estadia dos infelizes.

"Infelicidade a ti, miserável taça dos mortais! Tu és duas vezes maldita! De quais lutas e de quais gemidos vocês nasceram!" diz rudemente Empédocles (*Katharmoi, fragm. 124*).

Mas existe uma esperança para o ser humano, um farol na noite, uma luz em suas trevas. É o Amor, é a corrente celeste que um dia devolverá à alma o uso de suas asas e lhe reabrirá as portas do Céu.

"Contempla o Amor com teu espírito e não permanece sentado, com os olhos fascinados", canta ainda Empédocles (*Péri Physéôs, fragm. 17*). "É ele que coloca seu peso sobre os membros dos mortais; que lhes inspira ideias de afeição e que lhes faz exercer atos pacíficos que chamarão obras de alegria."

O Amor repara os males engendrados pelo Ódio; ele vem para reunir todos os elementos que a Discórdia tinha separado. Ele é, portanto, para nós, uma viva esperança.

"As almas puras serão conduzidas para o mais alto dos céus", havia dito Diógenes Laércio (*VIII, 31*).

Trecho das *Notes sur les secrets ésotériques des Pythagoriciens*, Jean Mallinger, 1946.

"O asno de ouro" de Apuleio

As narrativas de iniciações antigas são bastante raras; talvez os textos tenham desaparecido ou os iniciados tenham respeitado a lei do silêncio. É o caso do herói de Apuleio.

Algumas páginas, no entanto, relatam a cerimônia vivida por um homem.

A narrativa tem a forma de uma fábula, por meio da qual o personagem central aparece como fio condutor.

De homem, ele se metamorfoseou em asno. Para encontrar sua condição humana, é preciso que ele percorra distâncias prodigiosas, cheias de aventuras extraordinárias, em que a magia e o maravilhoso andam lado a lado sem parar.

Apuleio, filósofo platônico, é originário de Madaure, província africana do Império Romano, onde ele nasce em 125 d.C. Suas viagens pelas ilhas gregas e pela Ásia menor são ricas em lembranças que se integrarão ao périplo de seu asno inspirado.

As obras de Apuleio são mal conhecidas e sua vida, a exemplo das dos ilustres autores romanos dessa época, chegou até nós por meio das narrativas de segunda mão.

Contudo, o processo que lhe foi feito por ter, segundo a acusação, lançado uma praga contra uma rica viúva, com o objetivo de se casar com ela, é relatado em sua memória, conhecida sob a nomenclatura de apologia, ou de magia...

A filosofia de Apuleio é bastante impregnada de magia. O autor manifesta um gosto evidente pelo comércio com os espíritos e as forças sobrenaturais.

Vítima de sua curiosidade, Lucius se metamorfoseia em asno e recobrará a forma humana depois de ter comido as rosas, objeto de suas viagens. Libertado por Ísis, ele lhe consagrará seu destino, dedicado à deusa pela virtude da Iniciação.

Segundo o costume que prevalecia para as pessoas ricas, pensamos que Apuleio se fez iniciar em todos os mistérios praticados ao longo do século II.

Vamos deixar de lado o asno azarado, com seus sofrimentos de salteadores, histórias galantes e crimes monstruosos, para reencontrá-lo às portas do templo dos mistérios de Ísis, prestes a se abrir. "Essa circunstância redobrou meu zelo e meu fervor para realizar meu dever religioso, ainda mais que eu encontrava, nos benefícios presentes, a garantia de minhas esperanças futuras. Paralelamente, a cada dia crescia em mim o desejo de receber a consagração. Muitas vezes eu tinha ido encontrar o Grão-Sacerdote, para lhe suplicar instantaneamente que me iniciasse enfim nos mistérios da noite santa. Mas ele, como homem de firme razão e conhecido pela exata observância de uma austera religião, me respondia com doçura e bondade. Como fazem os pais quando moderam os desejos prematuros de seus filhos, ele opunha os prazos à minha insistência e apaziguava a angústia de meu coração pelos consolos da esperança. Ele me dizia que a deusa marca em cada um com um sinal de sua vontade o dia em que ele pode ser iniciado; o sacerdote que deve proceder à consagração é escolhido da mesma forma pela providência; enfim, os gastos necessários para a cerimônia são fixados por semelhantes instruções.

Ele aconselhava então que nós também nos dobrássemos a essas regras com uma paciente submissão; pois eu deveria me poupar com zelo da precipitação, bem como da desobediência, e evitar o duplo erro de mostrar ou lentidão, quando fosse chamado, ou pressa sem ter recebido a ordem. No mais, nenhum dos membros de seu clero era suficientemente imprudente nem, por assim dizer, suficientemente determinado a morrer, para afrontar temerariamente, sem também ter recebido a ordem expressa da soberana, os riscos de um ministério sacrílego e para se encarregar de um pecado que o condenaria à morte. É que, de fato, as chaves do inferno e a garantia de salvação estão nas mãos da deusa.

O próprio ato da iniciação representa uma morte voluntária e uma salvação obtida por sua graça. Os mortais que, no final da existência, percorrem o limiar onde acaba a luz, e com a condição de que se possa lhes confiar sem medo os augustos segredos da religião, a potência da deusa os atrai, os faz renascer de alguma forma pelo efeito da providência, e lhes abre, quando lhes devolve a vida, uma carreira nova. Eu também deveria, portanto, me conformar à sua celeste vontade, ainda que depois de tanto tempo o favor evidente da grande divindade me tenha claramente designado e marcado com seu bem-aventurado serviço. Assim como, aliás, seus outros fiéis, eu deveria desde agora me abster de alimentos profanos proibidos, para ter com mais garantia acesso aos mistérios da mais pura das religiões.

Assim falou o sacerdote. E a impaciência não alterava em nada minha docilidade. Com uma aplicação constante, uma doçura agradável e a reserva de um silêncio exemplar, eu ia com exatidão, dia após dia, à celebração do serviço divino. E a bondade salutar da poderosa deusa não enganou minha esperança nem me infligiu os tormentos de uma longa espera. Pois, durante uma noite obscura, suas ordens sem nada de obscuro me advertiram, de uma maneira certa, que tinha chegado o dia, o dia tão desejado em que ela ia realizar meu pedido mais ardente. Ela também fixou aquilo, que eu tinha de gastar para a preparação da cerimônia, e Mitra, seu Grão-Sacerdote em pessoa, ao qual me unia, como dizia ela, uma divina conjunção de estrelas, era aquele que ela havia designado para proceder ao ofício sagrado.

Essas foram, entre outras, as instruções que me deu, em sua bondade, a deusa soberana. Reconfortado em meu espírito, e sem esperar que o dia nascesse, espantei o sono e fui direto para a casa do Grão-Sacerdote. Ele saía justamente de seu quarto, quando eu o encontrei e lhe desejei bom dia. Estava mais decidido do que nunca a exigir, desta vez como uma obrigação, a admissão no Santo Ministério. Mas ele, assim que me viu, tomou a dianteira: "Ah! Bem-aventurado, Lucius", disse, "que felicidade é a sua, que a augusta divindade o julgue digno a esse ponto de seu favor e de sua benevolência". E, continuando: "O que você está esperando, então?", disse ele, "você fica aí parado, e os atrasos agora são seus? Chegou o dia que você cansou de pedir, em que, sobre o divino mandamento da deusa com nomes múltiplos, essas mãos o introduzirão nos piedosos recintos de nossa religião." E colocando afetuosamente sua mão direita sobre mim, o velho logo me conduziu até a porta do imponente edifício. Ali, depois de ter celebrado na forma consagrada o rito da abertura do Templo e realizado o sacrifício matinal, ele tirou de um esconderijo, no fundo do santuário, livros, onde se encontrava a expressão resumida das fórmulas litúrgicas; em outros, traços nodosos ou arredondados na forma de roda, ou retornando sobre eles mesmos como as folhas da vinha, desviavam a leitura do texto da curiosidade dos profanos. Foi a partir desses livros que ele me instruiu sobre os preparativos da iniciação.

Logo, sem perder tempo, nem economizar nos gastos, fiz eu mesmo, ou com os cuidados de meus companheiros, as compras necessárias. Contudo, o sacerdote nos preveniu que o momento chegara. Ele me conduziu, circundado por sua piedosa corte, até a piscina mais próxima. Depois de ter tomado o banho habitual, depois de ter invocado a graça divina, ele me purificou por aspersões de água purificada; depois me reconduziu ao Templo – já tinham transcorridos dois terços do dia – ele me deteve aos pés da deusa e me deu secretamente algumas instruções que ultrapassavam a palavra humana. Em seguida, e dessa vez diante de todos, ele me recomendou que evitasse durante dez dias seguidos os prazeres da mesa, de não comer a carne de nenhum animal e nem beber vinho: todas as abstinências que observei com um religioso respeito. Enfim chegou o dia fixado para o divino encontro. O Sol já declinava e trazia a noite, quando afluiu de todos os lados uma multidão de pessoas que, segundo o antigo costume dos mistérios, me honraram com vários presentes. Depois, todos os profanos foram afastados, me vestiram com uma túnica de linho que nunca fora usada, e o sacerdote, tomando-me pela mão, me conduziu até a parte mais recuada do santuário.

Talvez o leitor desejoso de se instruir pergunte com certa ansiedade o que foi dito, o que foi feito em seguida. Eu o diria se me fosse permitido dizê-lo; você saberia se fosse permitido ouvi-lo. Mas seus ouvidos e minha língua sofreriam igualmente a pena de uma indiscrição ímpia ou de uma curiosidade sacrílega. Todavia, eu não infligirei ao piedoso desejo que talvez mantenha em suspenso o tormento de uma longa angústia. Ouça então e acredite: tudo o que eu vou dizer é verdade. Eu toquei os confins da morte; eu rocei o limiar de Proserpina e voltei carregado por meio de todos os elementos; em plena noite, eu vi o Sol brilhar de uma luz cintilante; cheguei perto dos deuses de baixo e dos deuses de cima, eu os vi face a face e os adorei de perto. Eis minha narrativa, e o que você ouviu, você está condenado no entanto a ignorá-lo. Eu me limitarei então a trazer o que é permitido sem sacrilégio revelar à inteligência dos profanos.

Quando a manhã chegou, e todos os ritos tinham terminado, eu apareci usando doze túnicas de consagração: desse costume, apesar de seu caráter místico, nenhuma obrigação me proíbe de falar, pois tudo se passa na presença de inúmeras testemunhas. No meio da morada sagrada, diante da imagem da deusa, um estrado de madeira tinha sido erguido, sobre o qual fui convidado a subir. Em pé e vestido com um tecido de fino linho, mas bordado em cores vivas, eu atraia os olhares. De meus ombros caía para trás até meus calcanhares um manto. E, por todos os lados, eu estava ornado de figuras de animais multicoloridos: aqui eram os dragões da Índia, ali eram os grifos hiperbóreos engendrados em outro mundo, munidos de asas como os pássaros. Os iniciados dão a essa vestimenta o nome de túnica olímpica. Segurava na mão direita uma tocha acesa, e minha cabeça estava cingida com uma nobre coroa de palmas, cujas folhas brilhantes se projetavam para frente como raios. Assim paramentado à imagem do Sol, me expuseram como uma estátua e, cortinas se abriram bruscamente, foi um desfile de passantes desejosos de me ver. Eu celebrei em seguida o feliz dia de meu nascimento para a vida religiosa com uma refeição de festa e alegres banquetes. No terceiro dia, as cerimônias recomeçaram, e um almoço sacramental finalizou a iniciação, de acordo com a ordem estabelecida.

Para completar a narrativa clássica da iniciação a Ísis, reproduzimos o capítulo em que Lucius, duvidando da honestidade dos sacerdotes, recua diante dos sacrifícios financeiros exigidos. A esse respeito, em nossos dias, algumas neoiniciações são pesadamente impostas, e os impetrantes não têm nem mesmo o consolo de vestir as doze túnicas da consagração, símbolo das doze viagens noturnas efetuadas por Lucius em sua busca do conhecimento da Deusa.

"Pouco tempo depois, novas ordens dos deuses, inesperadas e surpreendentes, vieram me solicitar e ordenar de me submeter a uma terceira iniciação. Em uma inquietude pouco comum, ou no ápice da perplexidade, eu me perdi em minhas reflexões. O que significava essa insistência insólita e inconcebível da vontade celeste? O que ainda faltava, para que ela fosse completa, a uma iniciação já repetida? "É preciso, pensei, que um ou outro sacerdote tenha cometido algum erro ou alguma omissão no exercício de seu ministério em relação a mim." E cheguei a conceber algumas dúvidas sobre a boa fé deles. A inquietação de meus pensamentos, a agitação em que flutuava meu espírito chegavam aos limites da demência, quando uma aparição noturna bondosamente me trouxe a seguinte revelação:

"Essa sequência de consagrações sucessivas não deve assustá-lo, nem te fazer pensar que nas precedentes algo foi omitido. Os deuses, ao contrário, não se cansam de testemunhar a seu favor, regozije-se portanto e fique alegre: o que de outros se veem atribuir apenas uma vez, você obterá três vezes, e esse número lhe dá direito de contar com uma felicidade para sempre durável. Quanto à iniciação que o aguarda, você compreenderá sua absoluta necessidade se agora quiser refletir que os ornamentos da deusa que você vestiu em sua província devem permanecer no Templo onde foram depositados. Você não pode, portanto, em Roma, nem vesti-los nos dias de festa para fazer as devoções, nem, se a ordem é dada, se mostrar no esplendor dessa bem-aventurada vestimenta. Assim, para sua felicidade, sua prosperidade, sua salvação, aceite com coração alegre uma nova iniciação: são os grandes deuses que o convidam".

Notas de leitura em relação à Cabala

A Cabala é certamente o assunto mais complicado e mais árduo para nós ocidentais penetrarmos, nós que infelizmente não possuímos o domínio da língua hebraica. O assunto intriga mais do que interessa ao leigo. Seu próprio nome não é um enigma em si?

Aquele que se lança na leitura de livros cabalísticos, corre o sério risco de parar no meio do caminho, por falta de fôlego, de luz e principalmente de um guia. A Cabala, de fato, se defende e, para apreendê-la, um guia é muitas vezes necessário.

Como de costume, recomendamos proceder pela leitura de obras fáceis, para em seguida abordar as mais complicadas. Ainda que essa lista não seja exaustiva, ela não deixa de ser uma primeira etapa:

• *Les Grands Courants de la Mystique Juive,* de G.G. Sholem, permite mergulhar na história do pensamento judaico, que é preciso conhecer para dominar o assunto. É uma obra indispensável a todo interessado.

• Historicamente falando, os interessados começarão a abordar o assunto consultando o livro de G.G. Sholem, *Les Origines de la Kabbale*. Depois desse passo dado, a imagem se torna mais clara.

• *Rabbi Simeon bar Yochai et la Kabbale*, pequeno livro de leitura fácil, que nos apresenta um personagem importante, graças ao qual a Cabala vai nos aparecer. Com essa obra, com efeito, penetramos na intimidade da Cabala.

• Em seguida, atacaremos o assunto de frente, lendo *La Kabbale*, de H. Serouya. Livro que deve ser lido e relido até a perfeita compreensão.

• A etapa seguinte, muito importante e não menos difícil de ultrapassar, é constituída pela leitura da obra de base e de referência, *La Kabbale*, de A. Safran. Para nós, é a obra essencial em relação a esse assunto.

• Terminamos essa lista, já bem completa, pelo *Kabbalistes Chrétiens de la Renaissance*, de F. Secret.

• E, evidentemente, enquanto os volumes do ZOHAR não forem abertos os elementos essenciais não estarão no lugar. A Cabala é explicada nessas obras, mas para aqueles que se mostram pacientes, estudiosos e verdadeiramente interessados pelo assunto. É o ápice da busca, mas, para chegar lá, o caminho às vezes parece longo.

Observemos, para terminar esta abordagem voluntariamente rápida, que esses estudos não são requisitados agora, mas se inscreverão progressiva e logicamente em seu percurso. Não nos esqueçamos de que esse estudo, para ser realizado fora de qualquer dogma, deverá decorrer da prática e dos rituais que são necessariamente primeiros em toda Ordem iniciática. A simplicidade e a eficácia serão em seguida os dois critérios da validade do ensinamento.

Testamento de Cagliostro

Em 27 de dezembro de 1789, Cagliostro era levado diante da Inquisição e condenado à prisão perpétua em uma fortaleza de Roma como "herege e discípulo da magia supersticiosa". É útil meditar sobre um texto que ele redigiu e que até hoje soa estranho: "Eu não sou de nenhuma época e de nenhum lugar; fora do tempo e do espaço, meu ser espiritual vive sua eterna existência, e se eu mergulho em meu pensamento remontando ao longo das eras, se estendo meu espírito para um mundo de existência distante deste que você percebe, torno-me aquele que eu desejo. Participando conscientemente do ser absoluto, eu regulo minha ação segundo o meio que me envolve. Meu nome é o de minha função, porque sou livre; meu país é aquele onde fixo momentaneamente meu passo. Comece ontem, se quiser, realçando os seus anos vividos pelos ancestrais que lhe foram estranhos, ou amanhã, pelo orgulho ilusório de uma grandeza que jamais será a sua; quanto a mim, eu sou aquele que é.

Aqui estou: eu sou nobre e viajante, falo e sua alma estremece ao reconhecer as antigas palavras; uma voz que está em você, e que se calou há muito tempo, responde ao chamado da minha; eu ajo, e a paz retorna ao seus corações, a saúde a seu corpo, a esperança e a coragem a sua alma. Todos os homens são meus irmãos, todos os países me são caros; eu os percorro para que, em toda parte, o Espírito possa descer e encontrar um caminho até nós. Aos reis, cujo poder eu respeito, só peço a hospitalidade em suas terras e quando ela me é dada, eu passo, fazendo em volta de mim o maior bem possível; mas só faço passar... Sou um nobre viajante?...

Como o vento do Sul, como a resplandecente luz do meio-dia, que caracteriza o pleno conhecimento das coisas e a comunhão ativa com Deus, eu vou para o Norte, para as brumas e para o frio, abandonando, em toda parte à minha passagem, parcelas de mim mesmo, me consumindo, me diminuindo a cada estação, mas lhe deixando um pouco de clareza, um pouco de calor, um pouco de força, até que enfim eu tenha parado e fixado definitivamente, no final de meu ofício, na hora em que a Rosa florescerá sobre a Cruz... Eu sou Cagliostro".

Bibliografia

Livros

AGRIPPA, Henry Corneille. *La Magie Céleste, la Magie Cérémonielle, la Magie Naturelle.* Éd. Paris: Berg International, 1982.
AMBELAIN, Robert. *La Kabbale Pratique.* Paris: Éd. Niclauss, 1951.
ARNOLD, Paul. *Histoire des Rose-Croix et les Origines de la Franc-Maçonnerie.* Paris: Mercure de France, 1955.
BARLET, T. Ch. *Un Ami de Maurice Barres, Stanislas de Guaita.* Paris: Grasset, 1938.
BARRES, Maurice. *Amori et Dolori Sacrum.* Paris: Plon, 1902.
BAYARD, Jean-Pierre. *La Symbolique de la Rose-Croix.* Paris: Éd. Payot, 1975.
BERESNIAK, Daniel. *La Kabbale Vivante.* Paris: Éd. Trédaniel, 1988.
_____. *Les Premiers Médicis.* Paris: Éd. Détrade, 1984.
BILLY, André. *Stanislas de Guaita.*
BULWER, Lytton. *Zanoni.* Tradução francesa, La Colombe, 1959.
DUCHAUSSOY, Jacques. *Mystère et Mission des Rose+Croix.* Paris: Éd. Du Rocher, 1981.
EDIGHOFFER, Roland. *Rose-Croix et Société Idéale Selon Johann Valentin Andreae.* Paris: Arma Artis, 1982.
ENCAUSSE, Philippe (Dr.). *Sciences Occultes, Papus, sa Vie, son Œuvre*, Paris. Éd. Ocia, 1949.
GERIN-RICARD, L. de. *Histoire de l'Occultisme.* Paris: Payot, 1947.
GORCEIX, Bernard. *La Bible des Rose-Croix.* Paris: PUF, 1970.
GRAD, A. D. *Pour Comprendre la Kabbale.* Paris: Éd. Dervy, 1985.
GUAITA, Stanislas de. *Au Seuil du Mystère.* Paris: Éd. Durville, 1920.
_____. *Essais de Sciences Maudites,* em 4 partes: *Au Seuil du Mystère* (foi objeto de uma edição em 1963, pela NICLAUSE, Paris), *Le Temple de Satan, La Clef de la Magie noire, Le Problème du Mal.*

HARTMANN, Franz. *Une Aventure chez les Rose-Croix*. Paris: Éd. Chacornac, 1913.
TRISMÉGISTE, Hermés. *Corpus d'Hermès*. Paris: Éd. Sand, 1996.
HUTIN, Serge. *Histoire des Rose-Croix*. Paris: Nizet, 1955.
KHUNRATH, Heinrich. *Amphithéâtre de l'Éternelle Sapience*. Milão: Éd. Archè, 1990.
KNIGHT, Gareth. *La Rose-Croix et la Déesse*. Ediru, Mennecy, 1987.
LENAIN. *La Science Kabbalistique*. Paris: Éd. Traditionnelles, 1972.
L'ESTOILE, Arnaud de. *Guaita*. Éd. Pardes, 2005.
_____. *Papus*. Éd. Pardes, 2006.
LEVY, Eliphas. *Dogmes et Rituels de la Haute Magie*. Paris: Éd. Niclauss, 1982.
MELITA, Denning; OSBORN, Phillips. *Introduction à la Kabbale Magique*. Paris: Éd. Sand, 1994.
_____. *Philosophie et Pratique de la Haute Magie*. Paris: Éd. Sand, 1985.
MONTLOUIN, Pierre; BAYARD, Jean-Pierre. *Le Rose-Croix*. C.A.L., 1972.
NAUERT, Charles. *Agrippa*. Paris: Éd. Dervy, 2001.

Obras para Consultar sobre Stanislas de Guaita:
MIRANDOLE, Jean Pic de la. *900 conclusions*. Paris: Éd. Allia, 1999.
PAPUS. *La Kabbale*. Paris: Éd. Dangles, 1892.
PARACELSE. *De la Magie*. Presses universitaires de Strasbourg, 1998.
REUCHLIN, Johann. *La Kabbale (De arte cabalistica)*. tradução de F. Secret, Paris: Éd. Aubier Montaigne, 1973.
SABLE, Érik. *Dictionnaire des Rose-Croix*. Paris: Éd. Dervy, 1996.
SECRET, François. *Les Kabbalistes de la Renaissance*. Paris: Éd. Dunod, 1964.
SEDIR. *Histoire et Doctrine des Rose-Croix*. Rouen: Bibliothèque des amitiés spirituelles, 1932.
SUARES, Carlo. *Le Sephir Yestsira*. Genève: Éd. Mont-Blanc, 1968.
TEDER. *Rituel de l'Ordre Martiniste*. Paris: Éd. de Dorbon, 1913.
VAN LOO, Robert. *L'Utopie Rose-Croix*. Paris: Éd. Dervy, 2001.
VIRYA. *L'Alphabet Hébreu et ses Symboles*. Roquevaire: Éd. Lahy, 1997.
_____. *Lumières sur la Kabbale*. Marseille: Éd. Jeanne Laffitte, 1989.
_____. *Spiritualité de la Kabbale Médiévale et Provençale*. Sisteron: Éd. Présence, 1986.
WANG, Robert. *Le Tarot Kabalistique*. Mennecy: Ediru, 2000.

WIRTH, Oswald. *Stanislas de Guaita, Souvenirs de son Secrétaire.* Paris: Ed. du Symbolisme, 1935.

ZAFRANI, Haim. *Kabbale Vie Mystique et Magie.* Paris. Éd. Maisonneuve et Larose, 1986.

Sites na internet que são abordados nesta obra:

Ordre Kabbalistique de la Rose-Croix: http://www.okrc.org
Aurum Solis: http://www.aurumsolis.net
La Parole Circule: http://www.laparolecircule.info
Site do autor: http://www.debiasi.org

Nota do Editor

A Madras Editora não participa, endossa ou tem qualquer autoridade ou responsabilidade no que diz respeito a transações particulares de negócio entre o autor e o público.

Quaisquer referências de internet contidas neste trabalho são as atuais, no momento de sua publicação, mas o editor não pode garantir que a localização específica será mantida.

Este livro foi composto em Times New Roman, corpo11/12.
Papel Offset 75g
Impressão e Acabamento
Graphium Editora Ltda
Rua José dos Reis, 84 – VIla Prudente – São Paulo – SP - CEP 03139-040
Tel/Fax (11) 2769-9056 – vendas@graphium.com.br